思旅

路云 著

 云南出版集团　云南美术出版社

图书在版编目（CIP）数据

思旅 / 路云著. -- 昆明：云南美术出版社，2022.5

　　ISBN 978-7-5489-4933-6

　　Ⅰ．①思… Ⅱ．①路… Ⅲ．①学校管理－文集 Ⅳ．①G47-53

中国版本图书馆 CIP 数据核字(2022)第 084769 号

出 版 人：刘大伟
责任编辑：赵雪妮
责任校对：何　花　周凡丁
装帧设计：朝夕文化

思 旅

路　云　编著

出　　版：	云南出版集团　云南美术出版社
地　　址：	昆明市环城西路 609 号
印　　刷：	武汉鑫佳捷印务有限公司
开　　本：	889mm×1194mm　1/16
印　　张：	14
字　　数：	350 千
版　　次：	2022 年 7 月第 1 版
印　　次：	2022 年 7 月第 1 次印刷
印　　数：	1～1000
书　　号：	978-7-5489-4933-6
定　　价：	82.00 元

读 者

　　《思旅》是启迪思考的历程，也是思想形成的旅程。

　　时光如白驹过隙，转瞬即逝。不知不觉我做校长已走过近十年的历程。《思旅》是我做校长近十年办学思考的旅程。对我来讲谈不上什么思想，就是由不断思考转向不断实践，再由不断实践转向不断思考，就是在不断转换过程中思与想积累的历程，只能说是自己担任校长十年来办学思考的经历。

　　一个人思想观念、人生观、价值观的形成需要经历，需要积淀。办学也是一样，需要长期经历不同的阶段，需要不断分析现实，认识现状。我的办学思考经历了认识自己、定位自己、思悟教育、管理学校、发展学校等过程，不同阶段的不同思考、不同启迪，影响着我不同阶段的办学观点，办学方向。

　　我做校长已十年，十年作为我做校长的一个节点，对办学的所思所想是支离破碎的，是不成体系的，但有几个阶段的经历记忆犹新。十年整理是对十年的回顾，也是对自己做校长十年的交代。很多想法由于自己懒于行笔，所以没有留存，现在回忆便是景去难忆，只能将自己工作随笔做一些整理以慰己心！

　　本书试图从我的自画像、思启苏州、思悟盛元、加拿大研学随记、走进朝阳小学五个方面着手，记叙我从事学校管理十年中的点滴思考。由于从事校长工作时间短，所以有些感悟略显稚嫩与青涩，恳请大家雅正。

教育思想是校长办学的实践之源

岳维鹏

路云校长嘱我为其书作序，我欣然答应——能为一位在教育沃土深耕的优秀校长之力作作序，是我半生教育生涯的荣幸。

路云校长使我自然而然想到了艺术家罗丹的经典之作：《思想者》。罗丹塑造的这位思想者，他正进行着高强度的劳动，神态庄严肃穆，精神高度集中，深刻审视着宇宙发生、发展的的一切。列宁曾称罗丹的《思想者》为力量和勇毅的化身。思想是人类特有的精神产品，是人大脑思考活动的产物，指向人的意识对客观存在经过深度思维活动而产生的认知结果或者形成的观点或者建构的观念体系。尽管人被定义为能思想的动物，但能思想并不意味着愿意思想、进行思想、善于思想，更不意味着就能够产生思想。帕斯卡说过，"人最高贵之处乃在于其思想"。可以肯定，不是任何一个生命都会产生思想，特别是经得住实践检验、历史验证的正确思想。文学家巴尔扎克曾说过："一个能思想的人，才真正是一个力量无边的人。"可以说，产生、拥有并时常更新自己的思想，使之正确而深刻，是一切优秀人才、杰出人物与生俱来的共性特征。

教育思想又不同于一般思想。教育思想是指人们对教育作为人类特有的文明代际传递的社会活动现象的规律性、本质性的理解和认识，对教育实践产生着长远、广泛、持续的影响。比如小平同志"三个面向"思想、至圣先师孔夫子"教学相长"思想、陶行知先生"生活教育"思想、叶圣陶先生"相机诱导"思想等等，都是深度指引教育工作不偏离航道的重要思想。可以说，教育思想既是教育行为发生的原动力，也是教育实践发展的指南针。

思旅

教育思想类型多样，宏观层面有教育理想、教育理论、教育学说、教育思潮等等，微观层面也有教育经验、教育信念、教育信条、教育建议、教育主张、教育言论等等，其发生起点一般是发表教育言论、提出教育主张，灵魂则是升华基于人类美好追求的高尚教育理想，关键是形成正大深刻的教育信念。路云校长正是从一句一句提出自己教育主张，逐渐去印证自己的教育理想、坚定自己的教育信念的。

路云校长逐渐丰富的教育观念与其长期专注于教育事业、长期专注于阅读密不可分。教育劳动极其复杂，不读书的人、思想停止的人，无法从事高度依赖于智慧的教育劳动。而读书是在别人思想的帮助下建立自己教育思想、发展自己教育思想的螺旋上升的过程。

马克·吐温说："人的思想是了不起的，只要专注于某一项事业，就一定会做出使自己感到吃惊的成绩来。"一位好校长，应该有思想。校长有思想，学校有方向；校长有思想，学校就有美好的发展前景。从盛元小学的"幸福教育"到朝阳小学的"多彩教育"，从实施"一五七"行动计划到探索实践"无边界团队管理"，从二课堂到"多彩课程"体系的构建，从《小学生随笔化写作的开发与研究》《小学习作教学校本化研究》到《创新素养教育：学校的探索与实践》，从"活力课堂"的提出到智慧教学环境下"535"互动式智慧教学模式探索、实践和全面推进，从"基于信息化环境的德育e化评价"到"多彩评价——多彩超市"的推行。路云校长都将其教育思想转化成了生动活泼的教育实践，做到了知与行的和谐统一。

教育思想是深厚根基，教育实践是嫩绿芽胚，最终生长出了路云校长从事党的教育事业难能可贵的思想、活动、行为、热情、激情的参天大树。

（序者岳维鹏为宁夏教育厅教研室主任、特级教师、正高级教师）

目录
contents

教育思想是校长办学的实践之源 // 1

我的自画像 // 1
——从教生涯的自我定位与自我再认识 // 1

思启苏州 // 3
    江南教育春满园 // 4
    再见苏州 // 24

思悟盛元 // 25
    对教育的"悟"与"思" // 26
    教育活动的"形式主义" // 30
    超越是教育无穷的力量 // 32
    利与弊 // 34
    来自桃李之幸福 // 37
    行走雨中，洗涤心灵 // 39

由"调皮"学生引发的德育评价策略 // 41

校园文化建设的深度 // 43

习作教学校本化研究成果推介会 // 46

研究没有终止，结束便是开始 // 48

欣然泪下 // 50

学校精细化管理的思考与实践 // 51

培育学校团队精神的策略 // 57

青年教师的成长策略 // 62

教育信息化为学校发展插上腾飞的翅膀 // 68

基于核心素养的"减负增效"：问题、途径、方式及基本经验 // 75

基于学生核心素养的课堂文化培育 // 77

"轻负高质"与"有效教学"的关系及实施的基本策略 // 81

核心素养与教育智慧 // 86

学生成长的阶梯　教师成功的基石 // 90

随笔化习作研究，润泽幸福人生 // 95

浅谈小学生阅读能力的培养 // 100

学校发展的"富"与"贵" // 103

学校管理者审视学校发展的视角 // 107

读一篇网络文章有感 // 114

加拿大研学随记 // 117

一、赶往加拿大 // 117

二、信任基于诚信 // 119

三、探究与发现 // 121

四、心情沉重的一天 // 124

五、对面就是美国纽约州 // 126

六、道不拾遗 // 127

七、教育需要走进孩子，了解孩子 // 130

走进朝阳小学

2020 年 12 月 21 日 // 141

"百年朝阳"何去何从？// 143

在教师的记忆中再识朝阳 // 148

身处两地追忆朝阳 // 151

学校文化的特质 // 154

一石激起千层浪 // 159

2020 年朝阳小学迎来了特殊的春天 // 164

学校要有一个"像样"的阅读场 // 166

把文化的种子深埋在师生的心灵 // 177

对创新素养教育的认识与思考 // 181

创新素养教育的探索与实践 // 185

瞬间记录，率真流露 // 190

存史为鉴 "百年朝阳"校史馆开馆啦 // 195

后　记 // 211

我的自画像

——从教生涯的自我定位与自我再认识

"为了谁、依靠谁、我是谁",而今已到不惑之年,回顾自己走过的路,认真审视,兴许还画不清自己是谁。

2004年7月,宁夏自治区"百标"项目学校培训会上,我作为一名教师代表学校发言,交流培训学习体会,会上我调侃式的自我介绍留下的影响至今难忘,也影响我此后走向管理工作的理念定位。当时的培训,"百标"人艰辛为教育事业做贡献的坚强意志及"庸者坐等机遇,强者抢抓机遇,智者创造机遇"的百标人和百标精神鼓舞人上进。于是我便介绍,我叫路云,大家只要一迈步就会踩到"路",抬头仰望就能看到"云",我是路上的一片云,一直漂浮不定,在百标精神的鼓舞下,我坚定信念,不再漂浮,将认准目标,咬定青山不放松,勇往直前,定位自己就是一个奋斗者。

从那以后,我真的对自己从事的教育事业开始了新的规划,并努力奋斗前行。2006年11月任秦桥小学(村小)副校长;2007年10月任古城中心学校副校长;2011年8月任吴忠市第十五小学校长,2012年3月任吴忠市盛元小学党支部书记、校长。我到盛元小学的第二次全体教师大会上,我又一次用解析姓名的方式给大家介绍我这个人。我的名字叫路云,路就是为大家铺设,服务于大家,和大家共同谋划学校的发展,共同确定盛元小学今后发展之路,带领大家克服困难,推动学校发展拨云见日,直上云霄,登上云层欣赏蔚蓝的天空,享受成功的快乐与幸福,定位自己就是奋斗者、服务者、奉献者。

思 旅

2013年12月7日星期六，我有幸聆听苏州市田家炳高中吴文君老师为苏州市区心理教师开设的一节培训课。其中有一个环节，以特殊的方式向团队介绍自己，用左手画一幅画代表自己，我画的是一条大路，路边草地长着花草依偎在山旁，天空上飘着一朵白云。我是想表达我现在作为校长，就是师生脚下的"路"，为他们引领方向，就是师生上空的"云"，甘做他们的遮阳伞，为师生遮挡风雨，遮挡阳光的暴晒，上下环抱，心中永远装有师生，甘愿化作雨露滋润幼苗的茁壮成长，定位自己就是奋斗者、服务者、奉献者、守护者、引领者，自认为境界已经很高。

然而，当我看完江苏省翔宇教育集团总校长卢志文《今天我们怎样做教育》实践与思考一文，我又深感惭愧，深感自己认识的肤浅。卢志文校长说：我把自己定位成一个"现实的理想主义者"，一个立"地"顶"天"的人。这个"地"就是"现实"，教育"现实"，经济转型期中国的教育"现实"；这个"天"就是"天堂"，教育的"天堂"，理想主义者的"天堂"，"怀揣教育理想，贴着地面走"——在理想与现实之间，我找到了自己生命存在的价值和意义。这是何等的教育智慧，这才是教育家从事教育事业的境界。

"实践与思考才是人生真正的智慧！"看看我自己，看看我管理的学校，我想哪是我的"路"，哪是我的"云"，哪是我的"地"，哪是我的"天"，脑海中的浑浊会渐渐清澈，也会变得甘甜。面对当下的"现实"，如何去实现我们的教育理想，找到自己生命存在的价值和意义。我想就是在现实中找到可能，再努力将可能变成现实。怀揣教育理想不懈努力，坚守教育初心，坚守教育使命，坚守教育规律，坚守教育积淀，坚持教育之路，理想终究会有成为现实的一天。

思启苏州

人生难得一经历。读万卷书不如行万里路。2013年，我任副校长5年，任一把手校长2年，在校长岗位上我纯属于一个"新兵"。我很荣幸被宁夏回族自治区教育厅安排到苏州挂职学习。全国教育看江苏，江苏教育看苏州。苏州挂职两个多月的收获是我这个管理"新兵"开阔视野，开启管理思考的第一站，是我深度思考学校管理的起点，也是第一个转折点，是我此后从事学校管理思考一直摆脱不了的"影子"。截至2013年，对于只从事学校管理7年的我，谈不上经验，更谈不上思想。这一次对我来讲，是管理思考最大的冲击，可以说是思想的洗礼，管理的启迪，是一次教育思考、教育管理的启蒙，更是一顿精神大餐，影响着我从事学校管理和做教育的当下和未来。

思 旅

江南教育春满园

常听有人说：全国最好的教育在江苏，江苏的教育特色在苏州。带着局领导的嘱托和厚望，带着提升自我的憧憬和期盼，2013年10月至12月，我被安排在苏州师范附小挂职学习，与来自宁夏的16位中小学校长汇聚江苏，经历了为期两个多月的挂职学习。我们都深深感到：这是一次难得的既幸福又充实的办学思考之旅。

短短的两个多月时间，我以前所未有的勤奋与执着、谦逊与踏实，叩开江苏教育厚重的大门，在深入了解新苏师附小教育教学的同时，还全面关注了江苏高中、初中和幼儿园的教育。60多天，对我来说，每一天都是全新的，充满吸引力的，都需要我竭尽全力去捕捉、去倾听、去沟通、去汲取……我先后参观了二十多所不同类型的学校，看后被苏州专家型校长群体独特的办学思路和创新做法所冲击，被江苏先进的教育发展水平所震撼；感叹于苏州全面确立的"生本"教育理念，惊异于江苏教育发展速度之快。只有静下心来细细品味，才略品出温文尔雅的内涵，略品出文化底蕴深邃之魅力，略品出教育的真、善、美。因为感受实在太多，所以至今回想起来，还都是点、线、面的交织不清，突然间坐下来提笔疾书，用苏州的话讲：还真有些拎不清（拎得清）。盘点所见、所闻、所思，仅仅是自己的一点拙见，闲余自乐。

一、思想观念的刷新

苏霍姆林斯基说：校长对学校的领导，首先是思想上的领导，其次才是行政领导。"思想"是我们常常挂在嘴边的一个词，但始终未得其解。当江苏教育出版社姚卫伟教授提问平江实验小学所有在场教师的时候，提出：思想，思——追问的是我从哪里来；想——追问的是我到哪里去。思想就是在现实中发现可能，再把可能变成现实。在他循循善诱的启发和诠释之后，我简单地理解为："思想"就是思考、想办法。只思不想是空想，不思只想是妄想。

近距离感受江苏很多校长的办学思想，有五个方面对我办学思想观念的形成是一种触动和刷新。

——与陶六一校长对话，感受"生本"教育思想

陶六一校长以学生为本的"生本"教育思想，让我感触最深的就是"百年校庆"。百年校庆，应该是怎样的场面？我的思维落入俗套，脑海里想到的是宏大的庆祝场景，各班队列整齐、肃静，鼓号齐鸣，各级领导致贺辞，然后是观看表演……陶校长给我们介绍新苏师附小的百年华诞却是与众不同的，没有请领导，没有搞过大的场面，更没有节目的编排。活动充分体现"生本"教育理念，把全体学生的发展作为首要任务，充分尊重孩子的心理需求及个性发展特征。升国旗，唱国歌，校长致辞，唱校歌，高涨孩子们的节日庆祝热潮，然后全校师生回到教室里，老师先组织学生完成一封写给未来的信，而后是分享生日蛋糕，最后是以班为单位共庆生日，话说百年，轻松愉快，载歌载舞。这种以学生为本的校庆，少了官本位思想，少了个别学生的展示，多了全体参与，更贴近孩子的心灵世界，更受孩子们的欢迎，具有教育意义，有利于学生的终身发展。这就是陶校长的思想，在现实中寻找可能，并把可能变为现实，这就是她的教育境界：生本教育，静心办学，潜心育人。

——对教育"三本"思想理念的理解

这里我说的教育"三本"理念，即"以物为本""以人为本""以心为本"。这三个思想观念也是苏州田家炳高中王伟荣校长分析定位教育本位的三个关键词。"以物为本"是指学校以改善办学条件为着眼点的学校管理和教育现象，这是管理以及教育的最低层次。"以人为本"是指学校教育关注教师，关注学生的发展，把人的成长发展作为教育管理的关注点。"以心为本"是指学校以改变教师、学生的心境为目标来落实教育，以实

现师生心理需求而实施的教育,是管理及教育的最高境界。"境由心造",教育只要唤醒师生的学习态度、求知兴趣、思维智能、生命潜质,就能激发师生的主观能动性。不改变受教育者的思想,教育就很难达到育人的目的。前两者目前大多数学校都在结合实施,后者育人育心,管人管心,确实是教育的最高追求。由人心叵测走向人心可测,要针对不同的人掌握不同的心理需求,找到共性,还要应对个性差异,接受差异,尊重差异,因材施教,通过人的思想唤醒,支配人的自觉行动,转被动的接受教育为主动的探索。"心本教育"需要教育工作者以心换心,长期培养;需要教师和家长具有爱心、责任心、上进心、孝心、同情心、仁爱心、慈善心等宽阔的心境,熏陶教育学生。由此也让我想到管理的三境界,一类校长管心房,二类校长管课堂,三类校长管门房。无论教师还是学生都需要通过人的思想唤醒,支配人的自觉行动,只有将改变心智、传道摆在第一位,教育才具有生命力。

——教育之真

教育追求"真、善、美"。平江中学的"回归教育本真",宜兴市实验小学提出"真教育","真"耳熟能详,字面上就是真实、真正,而"真实的教育,真正的教育"在教育活动中怎样体现和落实,一路走来略有感悟。正赶上全国很多地区"雾霾"十分严重,南京因此学生停课,我们挂职的新苏师附小也难以幸免,连续几天的"雾霾"天气,使得有的孩子在校园里戴防毒面具,戴口罩者更是比比皆是。面对这样的现实,陶六一校长并没有坐观其变,也没有响应家长的要求将空气净化器带入教室,更没有埋怨环保部门,埋怨社会。她认为:这是全球经济发展的新产物,是人类即将面临的新问题。社会自然有责,自然要重视,环保部门理应治理,但面对就摆在眼前的事实,教育应该承担的责任是什么?——那就是教育。于是周一升旗,陶校长亲自讲话:如何应对眼下恶化的环境。组织学校中层讨论;组织青年骨干教师研讨"绿色百年附小写生,雾霾带来的教育思考"。陶六一校长抓住时机开展现身说法、现身教育,让学生明白是我们人类自酿苦果,就应该自食其果。引领孩子们认识到在创造的同时,更要考虑保护环境。教育真实不空洞、不虚假，没有条幅的宣传，没有标语口号的呐喊，是为教育而教育，我想这大概就是我所向往和追求的"真教育"！

——人与自然之和谐

自"和谐"二字出现在校园之后，大多数学校更多关注人际关系的和谐，缺乏人与自然和谐的教育眼界。但在苏州，很多学校都充分体现了人与自然之和谐的教育境界。

陶六一校长所说"天人合一"：人类是自然社会生命大体系中的一部分，尊重自然，顺应自然，追求与自然界的和谐共生是人类发展、追求美好的必由之路。

苏州十中是比较有名的一所高中，校园有着深厚的文化底蕴，这个院子里有着太多的历史记忆，是老校园林建设体现人与自然和谐的典范。西花园的瑞云峰被誉为明清三大太湖石名石之一，已经有二百多年的历史。在学校改建扩建时，历任校长始终坚持"修旧留旧，修旧守旧"的原则，让历史印迹与自然景观浑然一体。柳袁照校长讲到：倾听天籁就是倾听自然之声，就是要按照世界万物的发展规律来做事，保持自然真诚之本性。

苏州中学园区校是新建学校，校园占地250多亩。设计者的理念让人敬佩，设计时将原地貌湿地、水塘、芦苇、农田沟渠做了保留，将学校新建教学、办公、运动区域与原生态自然景观融为一体，保留了自然界生物、动物、山川、流水等，让天籁之音，刚柔相融，相生相克，朝夕相处，和谐共存的情景深入人心。以人与自然和谐理念办学，让学生在校园内就能走进大自然，感受大自然，亲近大自然，让原生态的自然景观激发人性的纯朴善良，能使人性的真、善、美自然流露，办学追求人与自然的和美，使孩子们接自然之气，自然界的宁静会削弱学生的闹气，走向宁静致远。并以此开发中学校本课程《湿地》、湿地文化系列教材历史分册《校园古代陶瓷片赏玩》、湿地文化系列教材语文分册《湿地文学植物篇》、湿地文化系列教材英语分册《西马博物馆》等校本教材，可见教育管理者的高瞻远瞩，办学思想的长远和深远，可谓此处无声胜有声。即眼界、心界、境界。

——教育需要爱的奉献

10月31日下午，我慕名来到苏州平江路的天空之城概念书店选购教育教学书籍。到了之后看到的与想象中的书店截然不同，实际上准确来说是一个自制明信片经营店。然而静心细细品味，倒还别有一番味道，不虚此行。于是突发创意，为每个班在元旦前夕寄一张贺卡祝福新年，要求各班召开"特殊祝福"主题班会，引发同学们自创明信片，开展设计个性化校园明信片比赛活动。于是我边走边挑选起来，走到一间茶息室，眼前的一幕吸引我止住脚步。一位同志在对照名单认真书写着什么。"这是在干吗？"我上前搭话。她告诉我说："写书签寄语。""这么多？你是做什么工作的？"我顺势问道。"是老师！"……我倍感亲切，"是给学生写吧？""是的。我要求孩子们拓展阅读，外出学习，看到这些漂亮的书签，就给他们带个礼物，写上寄语，激励孩子们好好读书。"她面带微笑与我交流。与之交谈中我得知她叫陶玉梅，是安徽省马鞍山市幸福路小学的一名老师。一位老师到异地培训学习，竟然心系孩子们，为全班同学带礼物，而且认真写寄语，真可谓用心良苦。片刻间人来人往，眼前闪过无数人流，但就是安徽省马鞍山市幸福路小学陶玉梅老师给全班孩子写书签的这一幕久久不逝，引发我的深思，这是什么？是敬业，是教师魅力，我想更多的应该是教师的境界吧！用鲁迅先生的话来诠释就是"教育根植于爱"。如果教师都能像她一样时时处处心系学生，排除功利思想，奉献爱，教育的明天将会变得更美好。

二、透过平静看管理

"校园安静""人群性格温婉""师生关系融洽""宁静致远"，这些都是挂职学习者对苏州挂职学校以及所参观学校的总体印象。然而这座古镇，发达的地方教育背后隐藏的是什么？剖析其本质，除了厚重文化的影响，自然是学校的自主管理、精细化管理和民主管理。

首先是管理重心下移。让每个人都成为自主管理的主体，大到学校教育教学、功能室的管理，小到各室桌椅、清扫工具的摆放，都细化到定人、定职、定责、定位，分工精细，责任明确，做到目标精准，事事有人做，人人有事做，人人都是管理者。

其次过程落实精细。工作落实中层领导充分自主，各尽其能，校长引其道，中层施其术，过程管理始终坚持管理有效性原则和管理反思性原则。管理中不看犯错，只看态度与反思，各部门都能结合实际，找准着眼点，严守管理中的底线问题，引领教师遵守规则，知道每个人在什么时间、什么地点，做什么事情。过程管理细致入微，常规管理中处处折射出"精细"。例如，每周检查中，功能室的凳子有没有归零，电源有没有关闭，厕所卫生是否清洁，环境区清扫工具是否有序，办公室是否干净、整齐、优美，办公时间不得有零食杂物，功能室有没有烟蒂、烟味等都纳入检查考核范畴。依据目标及时检查，夯实过程考核，形成全体师生必须共同遵守的规矩，即制度，进而形成师生的行为文化。

再次考核机制精细化。考核机制的完善是各项工作规范确实可行的保障。附小的管理考核机制从"教师管理篇、学生管理篇"等八个方面形成了系统的、可操作性较强的管理文本手册。每一项都有细化的考核细则，评价办法，将每个人的工作量化考核，并成为常态化。教师的工作情况自己就能自我量化，制度的公平促使教师心态的平和，从而使校园和谐。

最后制度刚性管理人文。我们常听到制度管理人文化，实际上制度就是制度，一就是一、二就是二，这样才显得公平。制度人文化就失去了管理公平公正的有力抓手。附小在制度落实上非常严格，依据制度只说有和无，完成就是完成，没有完成就是没有完成，该加分扣分的依据制度，不会加人文感情分。按照得分计算绩效，同一等次绩效也会各不相同，干多干少、干好干坏都体现在得分上。人文不是体现在制度的弹性方面，而是体现在制度制定过程的民主参与，更体现在生活中的人文关怀，比如建立茶歇室方便中午休息，组织体育活动关心健康，家庭生活上的关心照顾，孩子没人接送学校安排人员帮助接送等是管理人文化。从不削弱制度的刚性，以讲情面代替人文。

三、聚焦课堂看教学

课堂观察是衡量学校办学水平的有效途径。观察课堂的视角一看学生，二看教师。

——"生本"是课堂高效的关键。

教师是否以生为本，心中是否时常装着学生，是课堂高效的关键所在。教师如果不分析学生，教材掌握得再透，也只能是独角戏。只有以学生为本，自始至终将学生装在心中，把培养学生注意力、倾听能力、综合学习素养，以及激发学生学习兴趣和关注学生心理需求，摆在第一位来设计教学，课堂才能更高效。

恰逢新苏师附小"循环式"教研活动的课堂展示，听了体育课、英语课、语文课、数学课，跟踪课堂给我的感觉是"真实、朴实、扎实"。真实是没有因为听课老师的到来或是因为应用了多媒体教学设备而使得课堂浮华，包装成分很少，课堂常态而平实。朴实是表现出了师生教与学的质朴，朴素大方，没有因为有外人而显得拘束。扎实是教材挖掘有深度、有广度，重难点训练突出到位，课堂预设充分，课堂生成性较强。所以我称之为"三实"课堂。

"三实"课堂，一是表现出教师对教材的充分理解，基本上没有教材掌握的障碍，教材运用驾轻就熟。二是表现出教师丰厚的文化底蕴和文学素养，知其然亦知其所以然。三是表现出教师对学生亲和、呵护、鼓励，用心与孩子沟通、引导、传道、授业与解惑。所以，随之相对应的学生表现，一方面，学生的注意力、倾听力、学习的投入，都表现出了积极向上的风貌。另一方面，学习主体学生的学习求知欲望得到了很好的激发。三是课堂上学生"乱"而有序，"乱"而会倾听，"乱"而积极向上。

那差距到底在哪里？对比来看，有些课堂教师更多的是关注教学内容、教学环节的设计，对学生的预设不全面、不够充分，问答式、填鸭式、满堂灌的现象还比较严重。因而课堂上学生呆滞，发言不积极，注意力不集中，课堂气氛不活跃。而附小的课堂呈现了当下附小教学所处的整体水平，教师教学设计把学生的学情设计摆在了第一位，更多的是关注学生，关注学生课堂活动预设，关注设计学生课堂学习生成；设计学生的兴趣激发，设计学生知识素养能力的培养，设计学生的倾听等学生习惯培养；更主要的是关注学生心理需求的设计。把精力放在学生角度设计课，而不是根据教学内容的教师主观意识设计课。比如说教师课堂设计采用了很多目前学生最感兴趣的游戏规则来调控课堂，吸引注意力，激发兴趣，培养学生倾听能力，培养学生综合学习素养。课堂上老师有时摸摸孩子的头，正正孩子的身体，暗示孩子们认真听课学习，效果真的非常好。因此，以学生为本，心中自始至终装着学生，把关注学生培养、关注学生发展的需求摆在第一位来设计教学才是课堂高效的关键。

——谁剥夺了孩子的发言权？

课堂教学要以观察学生的角度观察，看学生在课堂的反应，学习状态等。有老师常说：今天孩子可能是因为有听课老师太紧张，有点拘束，所以课堂上都不积极回答问题，不说话。当一节课中举手发言的只有个别学生的时候，老师的"表演"再精彩，都是一堂不成功的课。培养的孩子不说话，不爱表达，甚至厌学，不灵动，最终老师再辛苦，用社会的评价来说，就是"用我们的兢兢业业误人子弟"。真的是出力不讨好！

到底是谁剥夺了孩子的发言权？不发言所表现出的是冷场。冷场就是大家常说的课堂学生不举手、不回答问题，这种现象常态课有，公开课甚至全国大赛课处处可见。俗话说：学生是教师的影子，什么样的老师教什么样的学生。课堂上教师的一言一行会直接影响学生的表现。实际上还是老师为了追求正确答案，追求课堂精彩，剥夺了孩子的发言权。一位语文老师上课，她迫击炮式的一连串问题，学生根本来不及思考，所以怕出错就干脆不举手；有的老师见学生回答问题吞吞吐吐，或是见学生回答一半思维出现停顿，就干脆越俎代庖；有的老师怕某些学生回答容易出错，或是口齿不流利会耽搁时间，索性上课就不点名；有的老师当学生一张口说出的不是自己想要的答案，就立马打断学生，"一巴掌拍死"，不再深入引导，使孩子失去信心；有的老师一看见某些孩子就将脸拉得老长，凶神恶煞等，老师的表现使得学生不能自主说出自己真实的想法，不知道自己该说什么，不知道说什么好说什么对，长此以往干脆就什么都不说。这便是老师长期追求标准答案的结果。

　　挂职学习期间，听得更多的还有心理健康课。在田家炳中学初二一节心理健康课上，老师没有提到"心理健康"这个词，仅仅提到"情绪"。一开课老师拿一打气筒为气球不停地打气，并不时走到学生面前问学生：会怎么样？你此时的情绪如何？你想说什么？这样的设计学生亲自参与体验，自然感悟的流露，学生纷纷举手回答，各抒己见。整节课学生始终激情四射，课堂气氛十分活跃。同样精彩的还有一节心理健康教师培训课，是苏州市田家炳高中吴文君老师为苏州市区心理教师开设的。用时上午、下午共六个小时，却没有人缺席。试想大家都是成年人，课堂要像学生一样积极，让培训者充满兴趣，恐怕真的是难以实现。就我而言，也算是其中较为年轻的了，一开始也是畏难情绪很重，有想要离席退缩的想法。就是这让大家想想都难以调动的课堂，竟然让吴老师调动得每个学员都积极投入，抛开原有的畏难情绪，课堂上各个议论、讨论、交流激烈，活动参与热情高涨，气氛热烈，无不参与其中，乐在其中，甚至课下还兴致未尽。环节一：她先让所有人起立，将凳子聚中留出空地，人排列四周。以儿歌："马兰花开，开几朵？开三朵。开六朵"组织一个热身游戏。要求说到开三朵时，三人为一组；说到开六朵时，六人一组且其中至少一位男士，快乐游戏中重新组合建立合作学习小组。环节二：要求以特殊的方式向团队介绍自己，用左手画一幅画代表自己，写下自己的三个优点，最后介绍给小组成员分享。环节三：说出左右成员的姓名，介绍自己的姓名。环节四：以组为单位团队协作玩（BIG、BAK、BANG）接力游戏，BIG、BAK分别由一位成员来说，BANG由团队一起说，必须整齐、有速度。环节五：分组想办法如何用报纸最小的面积将所有组员都站上去。五个环节环环相扣，每个环节结束都要谈感受。让学员由不说到表达积极，由不认识到熟悉再到忘记了年龄忘记了性别的开心，如亲人一般共同完成任务，最终让任务在小组的充分合作中高效达成。另外两种不同类型的课堂教学，目标任务不同，采取的教学方法自然就不同，目标达成的高效度更是天壤之别。一个学生低头不语，一个学生举手此起彼伏，滔滔不绝。其实，孩子盼望老师关注，盼望老师赏识，需要老师鼓励，需要老师包容，作为教育工作者只有换位学生的角度，才能还学生自主，学生才会不失"童真童趣"，课堂的发言才会是真情流露。

四、清晰了三个观点

挂职期间，新苏师附小接待全国各地前来参观学习的校长、教师，一波接着一波，不计其数。广东——南方发达地区也来苏州学习。从与广东校长的交流中，再回顾我们在江苏参观的所有学校的教育资源，深层次分析感悟，我坚信并清晰了三个观点。

——优质决定教育的发展

我坚定并清晰的第一个观点就是优质决定学校的发展。所谓优质，我想不仅仅是经济发达，更重要的分这么几个层面：一个是社会层面，一个是家庭层面，一个是学校层面。社会层面的优质包括地域人文素养，文化底蕴，地域的书卷气息，地方政府对教育的重视程度。家庭层面的优质涵盖家长受教育的程度，家长的文化涵养，家长的综合素质，以及孩子入学前在家庭中的受教育程度。学校层面的优质包括三个方面，一个是校长的优质，一个是教师的优质，另外一个是办学条件的优质。校长的优质是指校长的学识、眼界、追求与境界；教师的优质是指教师的文化涵养、道德观念、专业素养。办学条件的优质是指学校建筑物的艺术设计，办学条件配置的人文理念，硬件条件的长远规划，文化遗产的保护意识等。

苏州是一座文化古城，富有深厚的文化底蕴，城市人口素质、受教育的程度普遍较高，造就了校长具有专家办教育的思想，教师知识层次、学识水平丰厚，眼界开阔。江苏教育发展处在全国领先地位，也正是三个层面的优质共同发挥作用，教育的发展才形成合力，实现快速发展，均衡发展。

这里我之所以要把社会层面的优质放在第一位，因为两个月所到学校的感受，我发现社会层面的优质对一个地方教育的发展起着至关重要的作用。

思 旅

　　新苏师附小是一所百年老校，搬迁新建，还是原地扩建。就百年传承文化底蕴的问题，政府和教育行政部门多次到学校实地考察论证，最终因百年传承文化积淀，决定将旁边师范学校（现仅有四个班的中学）用地划拨给附小就地扩建。上级部门的决策使这所百年老校的文脉地气薪火传承，绵延久远。

　　景范中学因为设计者的重视，将范仲淹旧居老宅"文正殿"，以及新建时出土石碑等文物留给学校发挥教育功能。学校得到了千年历史，厚重文脉的滋养，使学子们秉承中国传统文化与儒家思想精髓，思维不停，行动不止，既文且正。

　　第六中学，许乃钊的故居由学校使用，旧居主人的身世，求学做官，报效祖国，演绎出的历史故事，让人遐想，让人肃然起敬。

　　苏州十中是比较有名的一所高中，校园有着深厚的文化底蕴，这个院子里有着太多的历史记忆。瑞云峰和清朝苏州制造署衙门，现在是江苏省重点保护文物。社会将历史留给十中，使学校文化十分厚重。

　　资源优质，尤其是社会留给学校的教育资源，使这里培养的学生不是应试教育的产物——高分低能，而是素质教育的憧憬——高分高能。

　　——思想影响行为。

　　几个月下来，所到学校政策的支持，政府的投入，整体设计的大气人文，理念的超前，管理的自主，教师整体素质，地域文化的滋养等等，很多方面都是我的向往与追求。

　　挂职学习交流时也总会感叹：人家的老师都是大学生，人家所有硬件建设，绿化环境都有政府买单，我们怎么像他们一样细化考核细则……我们更多的是埋怨，更多的是找客观原因，更多的是看到困难分析不能实现的原因，这也是许多人常态的思维方式，当然这更是现实问题。但是我们为何不换一种思维方式，考虑在现有的条件下，我们如何努力做到一些点滴的积淀？为何不考虑在现实中发现可能，再把可能变成现实。

　　思想决定行为，态度决定一切。假如自始至终持有批评、抵触的态度，等一切条件都成熟，将永远没有开始。面对差距，我们挂职的几位校长最终一致认为：要针对差距分层定位，哪些是可借鉴的，哪些差距是可以缩小的，哪些差距是通过努力可以实现的，结合本校实际，主动制定策略，努力改变现状，才是最关键的，也是主观解决所面临诸多问题积极的态度。

说到这，我想起翔宇集团总校长卢志文的一句话：找一百个理由埋怨环境与现实，环境与现实不会因为我们的埋怨而有丝毫改变；找一个理由去改变自身，明天自己身上就会发生可喜的变化。

——教育要尊重人的自然属性

教育的主体是人，人不是物，更不是"工具"，任何超越人的生理和情感底线与极限的教育行为和非人性、非人道的教育管理模式，只能造成伤害，激起强烈的反对和激烈的反抗。人的发展成长具有他的自然属性及成长规律，综合起来表现在六个方面：人的需要和潜在动机是多样的；人是有生理和情感底线的；人是有差异的，特别是人与人的智力差异不是等级性的，而是结构性的；人更是具有文化背景差异的，每个人都是有"文化"印记和文化标志的；人是离不开团队和社会的；人对自身利益是有要求和追求的，也需要自我实现，自我实现是人的最高层次的需要。以上是人的本性，是人的自然属性，也是现实存在的。教育必须求真、求善、求美的统一，因而教育不建立在尊重自然属性的基础上，求真、求善、求美就是不可能的。所以教育与管理需要满足合理的利益诉求，充分实现人的利益或效用的最大化；必须遵循公平原则，充分体现教育平等意识，不歧视鄙视个体差异。只有在公平平等的前提下，才能创造出和谐的人际关系和学习工作环境。强化一视同仁的意识，增强公平激励效能，都要注重人的潜力发展和才能展示，让人感觉到被"看得起"和被"器重"，分配其富有意义或挑战性的学习和工作，提升他的重要感和成就感；必须因人而异，因事而异，采取灵活多变的方式，不能千篇一律；要善于发现"才"，发现每个人的特质，因材施教；要汇集每个人的智慧和力量，群策群力，使每个人各得其位，各尽其才，完成相应的任务。教育要接受差异，承认差异，尊重差异，倡导有差异的教育，促进个体实现差异性发展，获得差异性成功。管理者要按照众人才智能力的差异，接纳并合理安排其位置，各存其值，各守其职，各显其能。教育要在这具有独特印记和标准的"文化"之中，关注"文化"现象的碰撞，分析"文化"背景下的行为合理性和行为可塑性，着力"文化"的交流和融合，给人在学习工作生活环境中有主动选择和改造的可能，有变通和创新的机会，以"文"养心，以"文"化人。

可见，教育是一门艺术，教育是一门科学，"真、善、美"的追求需要尊重人的自然属性，自然规律。

五、要将教育的触角向外延伸

目前面临的管理队伍提高研修学习、教师培训、校本教研引领，丰厚了领导、教师的专业知识。如何帮助管理队伍和教师跳一跳就能摘到桃子？我个人觉得要分析现状，跳出去看，从以下四个方面要将教育的触角向外延伸，一改教育单脚走路的沉重负担。

——建立跨地区的合作校群，提升学校发展品质

《义务教育学校校长专业标准（试行）》基本内容——第六项调适外部环境中52条标准提出：坚持把合作共赢作为学校对外关系准则，积极开展校内外合作与交流。

江苏大多数学校都与国内外建立了教育交流。一个个思想的碰撞会产生千千万万个思想。新苏师范附小合作校群第五届年会在泰州实验小学召开。来自全国各地十几所学校的代表相互学习、相互交流、相互提升，不同观念碰撞出的思维火花点燃了教育者追求教育的梦想，推动着各个学校的持续发展。"学校共同体""合作校群""集团化办学"倡导校级之间既有竞争，又合作共赢。从参与者的心理角度分析，是建立在平等、互动、互信、互赏的基础之上，能激发相互之间的潜能，使彼此的参与状态由被动走向主动。原以为所到学校资料是不会外传的，没想到要什么资料都给，所到学校的豁达，让我感受到了教育人相亲相敬的情怀，也感受到了苏州教育的开放。而"捆绑帮扶"，让双方心理都产生障碍，心存抵触，被"帮扶者"心里总不是滋味：我比他差到哪里？他又能比我好到哪里？不能让彼此打开心扉，互信开放，欣赏对方，不能主动参与，只能等、靠、要。校与校之间更是相互防备，封锁资源，情意淡薄。久而久之，相互固步自封，不能在相互对比学习中提升，只能在相互提防中落后。所以行政部门要给政策支持，鼓励区域内和跨区域合作校群的建立，促进友好平等之间的内外开放，相互提升。

——让培训成为教师专业成长的摇篮

什么样的培训教师更喜欢？培训者是集中安排像滚筒式一遍一遍往过轮流，还是菜单式自主选择，缺什么补什么？我想大家会更喜欢后者。我发现苏州的师资培训就很是受教师们喜欢。因为这里的培训引领教师从谋生之术走向了心灵之学。

一是培训形式深得教师喜欢。培训的形式分校本培训和自主选修。校本培训由学校结合本校教师实际自己组织研修学习。自主选修由苏州市教师发展中心结合不同层级教师的现状，分析培训需求，规定培训课时量，安排培训课程内容。教师根据自己的学科，根据自己的需求通过网络报名，选修内容。报名者一人一个号，对号入座参加培训学习。教师自主选修满课时即为继续教育合格，发给合格证，作为教师评聘职称、晋级晋职、绩效考核的硬性指标。根本不需要强制，只需要培训组织者根据座位号检查记录缺席人员即可。教师漏学还可以选修其他内容补漏。这样比较符合生活实际，既考虑专业提升，又考虑教师实际，比较人文。教师积极性特别高，没有怨言，真正实现了要我学为我要学。

二是培训内容眼界开阔。为提高质量而抓质量，有时候会适得其反，事倍功半，收效甚微。同样的道理，教师培训如果仅仅停留在学科知识、教法学法培训上，教师最多只能得到一杯水，而达不到拥有海洋的胸襟和心境。苏州市平江实验小学请来江苏教育出版社姚卫伟教授为全体教师搞培训，我特意赶过去听听是怎样培训，老师反感不反感。真是不虚此行，姚教授培训的主题是"由谋生之术到心灵之学——教师文化情怀的表现与实现"。从培训主题看上去与教师的专业成长似乎没有什么关系，其实不然。姚教授的讲座引领教师从文学到文化再走向文明；从文学素养与教师专业素养的对比中，让教师认识到教育是沟通彼此的心灵，教育是善解人意的艺术，教育是欣赏、是品鉴、是智慧；从教师文化情怀的理性与激情中，让教师认识到人生价值没有表现就没有实现，认识到幸福不是享乐，而是痛与累反复交织的生命纱线。讲座处处以文学之美，文化的魅力，语言的风趣诙谐、幽默雅致，时时博得全场的阵阵笑声和掌声。培训引导教师丰厚文化涵养，修为教师身心，既做到满腹经纶，又放眼看世界。时间稍纵即逝，教师们工作了一天再来夜听学习，两个小时的讲座，不见教师们有丝毫疲惫，不见教师们有着急回家之意，有的是兴奋与深思，有道是"有心栽花花不开，无心插柳柳成荫"。

三是培训实现了教育专家与学校"联姻"，让培训站在学术的至高点。教育专家与学校"联姻"，一方面，可以突破理论无法拔高的困惑，也可以突破思想不统一的困惑；另一方面，专家走基层，针对学校不同的研究课题，进行理论指导，进行研究操作方法的指导，可以让理论接地气，让理论具有生长的土壤。这方面平江中学做得比较好，与华师大专家签约，三年花费30万元请五位专家深入学校结合学校的实际确立研究课题。每个月专家到学校实地辅导一次，每位专家负责带三个徒弟，学徒期为一年半，三年时间每位专家带出六位教师，总共是三十名教师在三年时间内得到专家面对面的科学指导和引领。这样教师的培训理论与实践相结合，思考与体验相结合，教师的研究不再盲从与停顿，研究持续延伸，良性发展，不再因无力而夭折。由于三个不同层次的培训是经过深思熟虑，分析现状的产物，是不同层面教师不同需求的产物，所以教师更喜欢。

——让家庭教育成为学校教育的孪生兄弟

家庭教育和学校教育同为教育的一对孪生兄弟，是校内外共同育人体系不可或缺的组成部分。《义务教育学校校长专业标准（试行）》基本内容——调适外部环境中第53条、第59条标准提出：坚信学校与家庭、社会（社区）的良性互动是办学水平的重要体现；建立健全家校合作育人机制，建立教师家访制度，通过家长学校、家长会、家长开放日等形式，指导和帮助家长了解学校工作情况和学生身心发展特点，掌握科学育人方法。

中国有句古语："三岁看小，七岁看老。"就是说，一个人的思维和行为有可能在早期养育中就形成了固定的反应模式。而这一时段的定型恰恰是家庭教育的成效。因此，教育的触角要向家庭教育延伸，做好家庭教育的干预和引导。教育培训要由师资培训迈向家长培训，提高教师素养的同时提高家庭教育的育人水平。

家长的面比较广，群体职业各不相同，组织一两次可以，如果常态化实施难度较大。如何做到这项延伸的常态化，需要深思熟虑，做好系统筹划。实践工作中，我们可以建立家长学校、家庭教育大讲堂、家长素养提升达标卡等，选择优化家庭教育内容，安排培训。也可以制作家庭教育光盘，通过教育云平台、微信等新媒体全面实施培训，实现"磨刀不误砍柴工"的教育收效。

——发挥社区资源优势

《义务教育学校校长专业标准（试行）》基本内容——调适外部环境中第57条标准提出：优化外部育人环境，努力争取社会（社区）的教育资源对学校教育的支持。

胥江中学争取图书馆在学校建分馆，学生可以在校外借书，在校内还书，实现了社会图书资源的共享，校内外图书漂流，很好地解决了学校图书存量不足的问题，让学生不出校门就能读到校内不能读到的图书，大大丰富了学生的借阅量。

苏州市平江实验学校的非物质文化社团、田家炳高中乒乓球社团等社团教育资源的社会化，让顶级非遗传承人、国家级乒乓球运动员做指导、做教练。教育行政部门设专项经费，由学校聘请体育文化艺人进入校园实施有偿教学。教学人员的专业决定了受教育的程度，实现了社会资源的整合和合理利用。

这里要特别强调的是发挥社区评价的典范校——苏州市平江实验小学。苏州市平江实验小学对学生的评价由学校评价、教师评价、同伴评价、家长评价延伸到了社区评价。学生要到所在社区主动接受社区的爷爷、奶奶、叔叔、阿姨对自己在社区的表现作出评价，这样既评价学生，又能从小锻炼学生与人交往的能力，还能使学生时时处处对照标准警醒自己，约束自己培养良好的习惯和文明风尚，增强学生的社会责任感。所以，学生成长评价向社区延伸的做法也值得借鉴。

我们常说：构建"学校、家庭、社区"三维一体的教育体系，齐抓共育，但实际上没有很好地形成合力。尤其是社会教育的功能在逐步弱化，怕担责、怕惹事，所以对孩子在社会（社区）的一些不良行为听之任之。甚至怕孩子搞破坏，一些社会公益的文化娱乐场所要么面向社会开放率不高，要么出租承包，助长了校外兴趣班的"蓬勃发展"。因此，还是要优化外部育人环境，有些可以充分利用的，我们要努力争取发挥社会（社区）教育资源的优势育人。有些问题学校力不从心，但是我们可以发声呼吁，呼吁社会（社区）重视教育，承担社会（社区）的教育责任。因为，如果不主动承担起这份责任，自食苦果的必将是社会（社区）。

六、《坚守》

江苏的教育细细品味就会越品越有味道。"坚守"也是我再度来到宜兴市外国语学校的收获。顾校长带我们参观校园，深冬季节，南方的校园有些树木依然郁郁葱葱，景色迷人。校门口西边花坛里有两棵柿子树，光秃秃的只剩下挂满枝头的柿子。顾校长告诉我们：他到教师办公室里，发现有老师以这两棵柿子树写了一篇文章《坚守》。我顺便开了句玩笑：树叶全落光了，看它们能坚守多久。顾校长笑了笑，大家也都没在意，继续参观。走出老远，暮然回首，突然感到又是另一番景象：犹如这所学校的发展历史，在学校最艰难的时候，也就是由民办学校转型为公办学校的头几年，是宜兴市外国语学校最低谷的时候，学生都快要跑光了，很多都是别处上不下去了才跑回来的学生。每年开学新生报名，老师们都抱着电话主动联系家长，为学校招生四处奔走，但往往结果总是不尽如人意。姚校长告诉我们：越是这样，家长越是不愿把孩子送到这里来上学。说话的同时，不难看出一位创业者由于艰辛带来的心酸和眼角的湿润。就是在学校面临快要办不下去的时候，校长姚建光带领全体老师恪尽职守，让学校重新崛起。"十年一课题，十年为参与"，难得的一份"坚守"，而今学校发展为学生7000多名，教师500多名的大规模学校。"苦难是经历，更是财富。""只有经历了民办学校的教师，才能真正将家长和学生视为衣食父母，视为上帝，才能倍加珍惜每个学生，关注学生的个体发展。""专家就在身边，身边就有专家。""教育即参与，参与即价值。"这些都是姚校长的哲学思考，也是他的校长观。学校有一名特殊的学生，他数学特别好，每次考试都几乎满分，但语文非常差，学校就根据学生的情况为他"开小灶"，实施因材施教。这个孩子理科可以不上，安排专门的语文老师每天轮流将他单独放在学校图书馆，让他读书，帮他补习语文功课。当年，这个孩子以中考第一名的成绩被宜兴市某高中录取，学校的声誉也一下提高，备受社会关注。后来学校跟踪调研这个学生的后续发展，发现进入高中后学校不再关注到这个特殊的个体，其间与老师也发生过不愉快。三年之后，他也只是考了个差不多的大学。从这个案例中姚校长及教师们更加坚信：教育应该主动关心人的发展；但凡有成就的人，就在于坚持。姚校长和全体教师的"坚守"，才有了宜兴市外国语学校的发展和如今在当地的龙头地位。从宜兴市外国语学校每位教育工作者的经历中看"坚守"，就能见其寓意深邃和教育的大智慧。

新苏师附小多年来坚守"阳光校园、生本管理"教育，已经形成完整的教育体系。

田家炳中学坚守"心本"教育，成为全国教育示范点。

苏州市平江中学建校以来坚守课程改革，形成了符合本土校情，适合不同学科的"三段一案一回头"教学模式。

宜兴市万石小学数十年如一日坚守打造"石头"文化，形成了学校的办学特色。

宜兴市新庄小学坚守书法教育，学校处处是书法碑文，书法习字设施，学校被确立为"书法教育特色学校"。

靖江市城中小学历任校长都始终坚持书法教育，培养出许多全国著名书法家，使学校成为中国教育学会、书法教育研究会实验小学。

苏州市第六中学是一所高级中学，历任校长"坚守"艺术教育，培养德艺双馨的人才，使学校成为艺术教育的摇篮。

……

江苏的教育全国领先，各个学校之所以一校一品一特色，其主要原因在于每位教育者的"坚守"。

我是一个初学做校长的人，面对社会教育环境的压力，我往往缺少的就是坚守；面对外部对学校教育的冲击，我往往缺少的也是坚守；面对各种教育教学的改革，我往往缺少的还是坚守。面对困难怨言又有何用？"坚守"，只有坚持才有希望。正如姚建光校长所说："任何事不是因为有希望而坚持，而是因为坚持才有希望。"

七、启示与思考

第一，校长先进的办学思想——学校发展的灵魂。

校长要有超前的办学思想、先进的办学理念和高远的办学目标，并将这种思想矢志不移地贯彻到学校的教育行为中。立足校本、继承创新、与时俱进，在素质教育改革的大潮中寻找水土相符的改革路径，不因为校长的变动而改变，持之以恒，才能把学校打造成一个高品位的名牌学校。

第二，常规管理——学校发展的基础。

重视学校常规管理，制定系统、全面的规章制度，涵盖学校方方面面，让学校各项工作都有章可循，照章办事。

第三，校本教研——教师专业发展的沃土。

校本教研是教师在自己的日常工作中为了解决实际问题而开展的一种朴素的研究。开展校本教研，是教师专业发展的重要途径，也是学校可持续发展的不竭动力和重要保证。

第四，特色培植——学校内涵发展的品质。

一是要符合国家教育政策导向；二是要尽可能做到独特，人无我有；三是要由学校结合本校文脉、地域文化和学校现状确定特色，并论证其可行性；四是要有利于全体学生的素质提升和发展；五是要经过长期坚持并取得成效；

第五，校园文化建设——师生的精神家园。

校园文化建设是学校育人功能实现的重要决定性因素，其实质就是构建共享的群体价值意识，成为师生的精神家园。其基本轨迹：第一是寻根。第二是塑形。第三是铸魂。

一、校园文化要经过历任校长传承和积淀。

二、要创设适宜读书学习的人文环境。

三、要培养敬业爱生的教师，铸师魂。

四、要培养品学兼优的学生，铸学魂。

一路走来，看点很多。既有理念提升、观念的碰撞，又有管理的启示和实践的冲动。归结来看，深感教育的落脚点要始终如一落在学生的身上，关注学生成长，关注学生心理需求，关注学生的长远发展，将"生本"作为一切教育教学行为的出发点，作为办好教育的评估点。江苏之行，既是我们教海探航路上的一次充电，更是我们追求卓越途中的一次求索。在今后的探索道路上，我将以"认准目标，锲而不舍，咬定青山不放松"的毅力"坚守"，做到改革万变不离其宗，处理好继承发扬与改革创新的关系，脚踏实地走好每一步，积淀教育发展的潜质。

最后，我想用一句话始终警醒自己、勉励自己：任何事情不是因为有希望而坚持，而是因为坚持才有希望。

再见苏州

听到马上要回去的消息,却又一时高兴不起来,顿觉住所处每天陪伴我们那轰隆隆的车声也变得那么和谐。想起每天上下班走过的那条必经之路,这里的人,这里的水,这里的花草树木,还有每天路边擦身而过的路人,走过的每一所学校,学生一张张善良可爱求知的笑脸,管理者的热情介绍,一幕幕像放映似的一一而过,有的清晰,有的模糊,然而一切都让人顿生眷恋。三个月说长不长,说短不短,其间的见闻与思考,如今想起还都是点、线、面的交织不清。

甚似天公解人意,在我们挂职学习即将结束的前几天,下起了连天细雨,一下就是好几天,细雨绵绵情意长,让我想到一副对联:下雨天留客天留我不留。标点的不同断句表达的两种不同心情,此时在我们身上表现得淋漓尽致。许是被这里的教育所吸引,许是对这里的留恋,许是临行前的难舍,许是所学所悟施展抱负的急切。

所有夹杂都是内心的那份真实。再见苏州!再见挂职期间结识的朋友们!

思悟盛元

盛元小学是城区中心一所规模较大的学校,是我从事一把手校长的第二站,在盛元小学我工作了整六年。六年,说长不长,说短不短。我带领班子及全体教师不断开拓创新,学校从步入城市学校之初的不被认可,新生入学不做首选,到我离开时的社会高度认可,每年新生入学可以说是门庭若市,是社会各方面教育资源的支持,是我同教师们辛劳付出的收获,更是我做校长深度思考办好学校的探索与实践。对我来讲,应该说是办学思路清晰不断系统化、办学心智成熟、步履坚实、工作充实的旅程。

由于之前是在村小任一把手仅仅一个学期,所以,盛元小学是我全面思考办好一所学校的真正开始。盛元小学六年,是我结合学校实际,以学生为中心,从学校办学思想体系定位,健全制度保障,探索教学改革,实施教学研究,培养育人团队,创新教育教学实践活动,探索综合评价,家校合作,办学特色培育,校园文化建设,信息化应用等方面,全方位顶层设计,系统构建"以生为本"教育理念和实践体系的全面思考过程。其中,有对教育的思考和感悟,有对文化建设的理解,有对团队建设的实践,有对教学改革的探索,有教育教学实践心得,有思考随笔等等。

认真检索我在盛元小学六年的思考过程,有些观点和教育理念略显青涩,但呈现了我做校长思考办学的过程,也是我做校长逐步成长,不断走向成熟的过程,以下将自己在盛元小学工作时的思考习得作一些赘述。

对教育的"悟"与"思"

从教 17 年，多次接受各类培训，聆听专家讲座，经历了教育理念的革新以及教育实践的改革，反复思考，心灵深受触动，再度引发对教育的思考与感悟。

一、对教育本质的认识

什么是教育？简言之就是教化育人。

康德曾说过"教育即使人成之为人。"教育的本质就是促进人全面而有个性的发展。教育首先是培养人的事业，学校的根本职责和使命是育人。教育要紧扣时代脉搏，结合本土特色，实施素质教育，创新育人机制，构建特色教育的课程体系，更好地张扬学生的个性，塑造学生完善的人格。素质教育是教育的一种回归，带来的是学生的健康素质的增强，是学生的能力的提升。在推进素质教育的过程中，我们要以人格魅力和学识魅力教育感染学生，在前进中思索，在思索中前进，找到素质教育和优秀学业质量的最佳结合点，做学生健康成长的指导者和引路人。作为一校之长，要以神圣的使命感、强烈的责任心和特殊的教育情怀，坚守我们的基本教育观念、教育思想和教育理想。要遵循教育的内在规律和人才成长的规律，减轻学生过重课业负担，花更多的时间和精力来研究课标、研究教材、研究学生、研究教法，从而使我们的课堂效益达到最大化。要培养学生成才，更要培养学生成人，要关注学生学业成绩水平的提升需求，更应关注学生未来的成长与终身发展需求，使学生具有健全人格、健康体魄、鲜明个性、创新思维和创新能力，为学生终身发展奠基。

教育是事业，其意义在于奉献。教师奉献是学生发展的根本，是学校发展的源动力。校长的职责是激发教师的奉献精神,让每位教师成功,让每位教师的价值得到提升,这是学校管理的最高境界。从学校层面来讲,如果所有教师都成功了,那么学校就能成功。教师是教育事业发展的决定性因素。为此,校长要始终把教师放在学校管理的"第一位",不是以硬性的量化考核等管制手段来让教师做事的管理,而是以发展的眼光看待教师成长的管理,是给教师的发展创造机会,支持教师进步的管理,是最终将推动学校和教育大发展的管理。学校要为教师学习创造一个宽松的空间,要多体现人文关怀,为教师搭建适宜的发展舞台,营造教师的学习氛围,创造教师的学习机会;关怀教师的心灵世界,充分给予教师爱的滋润、思的疏导、行的感动、理的启迪,实现自身的人生价值。只有这样,才能共同创造出学校辉煌的明天。

教育"以人为本"就是以教师为本,以学生为本。只要管理者心中永远装着教师,装着学生,本着提升教师,塑造学生,便是学校管理者以人为本,办好教育的理念核心主旨。因此,学校的一切教育活动——德育、教学、总务后勤、学校文化建设等都要围绕这两大主体,从环境、物质、文化到师生精神积淀丰富内涵多管齐下进行打造,从物质和精神两个方面,通过"寻根、塑形、铸魂"三个基本流程逐步实施,铸造教育文化之魂,引领师生树立正确的人生观和价值观,形成文化,才能真正实现教育的教化过程和育人的终极目标。

二、教育文化贵在传承

教育改革走至今日,全国各地国学兴起,传承中华传统文化,教育专家也在呼吁教育要回归本真。电视剧《亮剑》中李云龙的一句话让人回味无穷:"只要我在,我的战士面对敌人就会嗷嗷叫。即使我不在了,我的战士面对敌人同样会嗷嗷叫,因为军人的魂在。"这句话让我们从中感悟到,打造团队魂魄,铸文化之魂需要代代人生生不息,才能积淀,才能铸就。无论是军队、企业还是学校,卓越的业绩,离不开卓越的管理。在经济文化一体化发展的今天,在市场竞争已经进入品牌竞争的今天,任何一种产品或一项服务一经推向市场，就意味着要面临激烈的市场竞争，在竞争中能否处于优势地位，获得消费者的认同，取决于其品牌能否在消费者心目中树立美好的形象。而品牌的形成靠什么？当然是它的知名度、美誉度和信任度。而在这些背后是什么呢？显然是文化，"随风潜入夜，润物细无声"。品牌的背后是文化，名校的背后是文化，真正的学校核心竞争力就是学校独特的学校文化。学校文化是学校物质文明和精神文明总的体现，它在一所学校的发展中起到巨大的引领和推动作用。学校文化建设包括精神文化、物质文化、制度文化、行为文化、课程文化（围绕课程实施、课程管理和课程开发，是学校文化软实力的体现和表征）。其中精神文化是灵魂，课程文化是核心，物质文化是载体，制度文化是保障，行为文化是落实。大家常说质量是本，特色是品，文化是魂，就是这个意思。

文化作为一种超越自然、超越个体生命而存在的东西，一旦成为一种核心竞争力，在时间和空间上可以无限扩散，但往往难以模仿和复制。学校教育文化建设更是如此，没有了传承、发扬，就会丢了魂，而不是铸魂。企业文化之所以能够打造团队精神，是企业领导思想不变的延续。清华、北大之所以能够经久不衰，首先得益于学校"精神文化"的力量，是因为办学理念一脉传承，发扬光大。因此，教育文化贵在传承。教育文化建设的铸魂过程要靠理念的引领，一代代的传播，利用不同的形式践行，形成群体的价值取向和精神追求，成为学校师生的自觉意识和自觉行为，才能打造团队魂魄，铸就文化之魂。因此，我们的学校在校园文化建设中，要十分重视校园文化的内涵和学校精神的培育，注重师生的参与度、认同感。

三、教育贵在致用

"取其精华，学以致用"是很多人工作闲余中交流出现频率较多的语言。孔子曰：择其善者而从之，其不善者而改之。伟人毛泽东曾经说过：精通的目的，重在于运用。教育发展的过程其实就是去其糟粕，取其精华的过程，更重要的是学以致用。一直以来，众人都在思考，教育的发展路在何方？翟鸿燊教授所讲"体道、悟道、得道"告诉我们——路在脚下。

随着教育改革的深入发展，地区、地域、国际文化的广泛交流，每位教育工作者参加的培训不计其数，都通过不同途径涉猎到了多元的教育理念，进行了知识武装和更新，强化不断学习的意识，理念冲冠。然而，"体道、悟道、得道"给人的启示就是路在脚下，行路者不能做猴子，要做蜜蜂。蜜蜂一辈子所做的工作就是采花酿蜜，当养蜂人将它置于枣园，它能酿出枣蜜；将它置于荔枝园，它能酿出荔枝蜜；将它置于枸杞园，它就能酿出枸杞蜜，将它置于万花丛中，它也能酿出甘甜的万花蜜……在百说争鸣，多元文化发展的今天，教育工作者更要做蜜蜂，犹如蜜蜂酿蜜，采群花之精华，经过内化酝酿，提取所需，方能成为甘甜之蜜。如果不结合本校实际加以内化、提炼、运用，囫囵吞枣，完全照搬，就只能是跟风，也就无法达到学以致用的最佳效果。

"十年树木，百年树人"，教育可谓润物细无声的千秋之业。教育面临新的挑战，"家庭、学校、社会"肩负着教育的使命和责任，任重道远。在学校管理的实践中，遵循教育规律，以人为本，构建学习型团队，构建"家庭、学校、社会"三位一体的教育体系，丰富内涵，静心教书，潜心育人，以文化引领，是实现办学目标，追求"为幸福人生而教育"，办人民满意教育的探索之路。

2015年思悟于盛元小学

思 旅

教育活动的"形式主义"

"有人说今天的活动是形式主义!"这是 2014 年 6 月 21 日,焦局长在吴忠市中小学校本课程现场会上抛给我的一个观点,问我怎么看待。当时,我一下发蒙了,不知道该如何回答。所以只是就其不是形式主义的一面谈了一点个人观点,就草草了事,应付完成了任务。

其实,任何事物都具有其两面性,任何事情都是一把双刃剑。有句广告词:药物好不好——看疗效。其实是药三分毒的道理谁都懂。那么教育教学开展的所有活动是不是形式主义,就应该看实效。

一方面,看活动组织者是否达到了预期的效果。假如活动的组织者目的不明确,只是为了让各位校长、各位管理者来走一走,看一看,一走了之,一拥而上,一哄而散。管理者带着脑袋来,皱着眉头离开,没有明确的方向引领,不告诉与会者今后一个阶段做什么?怎么去做?来也匆匆,去也空空。轰轰隆隆调这么多的人来搞一次会议,既没有引发思考,也没有激发行动,甚至是听了激动,回去不动,我觉得就是形式主义。然而,会议组织、程序、内容的安排,有学校实际工作作为引子,引发与会人员的思考。有主管局长理论联系实际的专业讲座引领,进一步让散点的观察,串联成为完整的、系统的思维。最后,局长的三问,将大家的思考、思维激发形成思想。每个人都是思考者,又是想方设法的践行者。多视角看,多角度分析,活动收到了预期的效果,利大于弊,其形式主义的因素就微乎其微了。

另一方面,从现场学校观摩情况来看,说是形式主义,其实是非一日之功。倘若,观摩学校是为了应对这次现场会临时东拼西凑,组织一些只有数量,没有质量的校本实践活动。如果,只是为了迎合领导,而不是为了学生的终身发展，不是为了学校的持续发展。假若，教育工作者半途而废，随着教师、领导的更替，停止不前，甚至荡然无存，不能做到一条主线，一张蓝图绘到底，那就是严重的形式主义。事实上，观摩学校所展示的大部分内容是出于学生综合素质长远发展的基础上进行思考设计。虽然有些内容还仅仅处在雏形阶段，但是只要坚持做下去，长期积淀，逐步取舍完善，形成特色，就不会流于形式。

议论这次活动是形式主义的人，实属"友邦惊诧论"者。鲁迅笔下的新生事物，认为是异端，一棍子打死者，都是伤其利益，或是懒惰不愿意革新的人。言论阻碍，其实是怕吃苦，不愿意为之，或是碌碌无为之辈。因此，无形式之为，比所谓的"形式主义"更可怕。

超越是教育无穷的力量

在工作中、生活中出现问题，遇到困难，人们总是习惯于把问题归结于他人，抱怨这个，抱怨那个，就是不抱怨自己。其实，教育环境的无人担当，恶性循环，使得管理者、教师都无法超越追求成绩的现实，按照教育规律，按照办学者的办学思想，系统的长期坚守教育。

多年来，吴忠教育从教师基本功、课堂质量达标工程、三课比赛、教材分析达标、专家培训、联片教研等教师专业提升，教育教学活动的开展，到今年大量派出去培训，可以说是形式多样，内容丰富。每个教师从开阔眼界、思想理论的构建到课堂实践，都得到了不同程度的改变和提升。应试教育，大家重智育，轻德育。中考成绩令人不满意，分析发展和现状，值得深入思考几个问题。

近年来，每每中考成绩一公布，各个中学到处大肆宣传，前十名某某学校多少人。以几个尖子生，代替整体教育教学质量好坏，导向的误区把整个中学阶段的教育引入了培养尖子生的死胡同，致使校长、教师、家长的眼球都盯向了少许优秀学生，造成整体下滑，是谁的责任？不按教育规律施教，不能面向全体，实质性的问题是不能超越名与利的诱惑。这样的教育经营的是名和利，结果只能是作茧自缚。

要想从黑暗、寒冷、痛楚中走出，只有在交杂的丝线结成的茧中挣扎求索实现超越。抽丝剥茧，破茧成蝶，方能展翼重生。

吴忠教育工作多年来做了猴子，还是做了蜜蜂？猴子拿在手里，视之无味，或是不合心意，便顺手弃之；蜜蜂吸入腹中，细细体味，分辨酝酿。一个是表象，一个是内化。学习中提升，实践中受用。无论是外出学习、专家培训，还是课堂实践，有多少人是真正做蜜蜂，吸其精华，去其糟粕，净心教书，潜心育人。

布洛克成功的视频反映出了一个人成功的两个因素。内因来自自身心中有目标，拼搏永不放弃，超越自我释放潜能。外因来自他人的引领驶向目标，鼓励不放弃，激发内在潜力。这两个方面，布洛克做到了，他的教练做到了，内因与外因形成合力，布洛克实现了同伴和自己都不敢想，也不敢相信的目标。教练蒙上布洛克的双眼，让他心中有目标。事实上，教练已经改变并拔高了布洛克的目标。现在忽然明白，教练是对布洛克进行挑战极限的训练。他们不仅在挑战着体能的极限，更是在挑战心灵的极限。最终，布洛克超越了目标极限，也超越了身体极限，更超越了心理极限。前行中，布洛克的教练喊得较多的是不要放弃、加油！一遍遍激发了意志的力量，一遍遍激发了心灵和体力的潜能。于是，办不成的事他们做到了，达不到的极限被超越了，足见心灵的力量有多么强大。

教育工作者永不放弃的是什么？是成人、成功、成长、还是成绩？交流中的一句话揭晓了答案。成人比成功更重要，成长比成绩更重要。实际上，成人便是成绩。自2014年以来的诸多培训，专家、学者大都在呼吁：当下教育最缺失的是什么？不是才智，而是德行。道德教育，受诸多因素的影响，已经成为众多教育工作者忽视了多年的育人目标。根源何在？深挖追究，有教师自身的责任意识下滑，迷失了方向；有社会大环境"拜金主义"的侵蚀，最终都是超越不了名利的诱惑。面对应试教育，我们实施素质教育、道德教育前行的道路上为何听到的总是"停"？想要超越，全面实施素质教育，传承中华美德，弘扬民族精神，就必须有敢于否定批评自我的品质。这个过程，自然是痛苦的，一步一步求索的过程，正是一步一步破茧的过程，正是一步一步成熟的过程。

时光终将磨去青涩，岁月终将沉积下杂质。教育者只有超越自己，超越现实，才能使那颗中华儿女赤诚的心寻求真、善、美，才能使他寻求到无穷的力量，才能使他变得更加睿智。

教育的道路上，充满着许多亟待超越的育人目标。人生的道路没有终点，要想超越，心中一定要有更高的目标。超越在于心，人生的目标灯塔不熄灭，人生的道路就不会终止！教育亦是如此！

思 旅

利与弊

"塞翁失马焉知非福,塞翁得马焉知非祸。"是福是祸,取决于人心。生活中利弊交融无处不在,但是许多人却很难辩证地分析利与弊。那么,到底何为利弊?其实,利弊就在每个人的一念之间,每个人的利弊追求不同,衡量利弊的结果就不一样。

吴忠二中的开心农场

2014年暑期,我很荣幸被杨明校长邀请到吴忠二中的开心农场。田间谈笑声中,共享农家田园乐趣之间,杨校长津津乐道地给我们讲学生种菜收获的快乐。

"某个班学生们种了水萝卜和菠菜。这两种菜生长周期短,上市较早,蔬菜一上市,0.9元/斤。田产一千多斤,收入了900多元。"杨校长说着便指向一块空地,"菜都已经被学生卖完了"。

"这些是孩子们种的茄子、辣椒、西红柿、白菜……由于周期长,今年上市菜价便宜,0.2元/斤。同学们自己劳动,卖的钱都作为班费,用于购买清扫工具、图书等。"指着眼前整片长势喜人的菜地,杨校长抑制不住满脸的喜悦。

放眼开心农场南墙边那块已经丰收后长满野草的菜地,某班同学们取得了900多元的经济效益。再看看眼前这块生长茂盛的菜地,同学们每天既采摘劳动硕果,又长期享受劳动过程带来的愉悦心情。试问何为利弊?

被虫子咬的白菜

来到一块小白菜地，小白菜浑身被菜虫咬得窟窿天窗，我不禁心叹：真是太可惜了！这一定卖不到好价钱！

于是，我便问杨校长："菜都被虫子咬了，怎么不打药？"

"进入假期，孩子们都不在，就没有来得及人工除虫。"杨校长自豪地告诉我们说，"学校开心农场的规则就是不打药，不施化肥。一定要种出无公害蔬菜，一定要种出放心菜！"

绿色、环保、健康，做人诚实守信。与转基因食品、地沟油等危害人们身心健康相比，这满身"蚜虫"的小白菜倒是"心灵美"，利弊自然分晓。

中考录取线

女儿中考结束，成绩不太理想，总分590分。和其他孩子的家长一样，我也期待录取分数线。

2014年吴忠市中考录取分数线终于在8月3日落定：吴忠中学录取线586分，择校线653分；吴忠回中录取线520分，择校线483分；吴忠高级中学录取线477分，择校线456分。

考生及家长焦急的心情一时间得以平静，我同样如此。与之而来，我的内心也多了几份忧虑和不安。也许是自己从事教育工作的一份情结，也许是"杞人忧天"罢了。

近年来，银川中考录取线只高不下。而吴忠市区2014年中考录取线比上年降低了6分。下降6分，对女儿和更多此分数段的考生来说，都非常有利，可谓皆大欢喜。当人们高兴之余，突然间发觉录取线下降背后，反映出了吴忠市区中考质量整体下滑的现实。实际上，在录取人数计划不变的情况下，高6分，降6分，对于不变量的录取人数来讲，都是水涨船高。反之，众人如梦方醒，弃城而去，高分离开吴忠追求教育优质。面对现实，得到的只是低分能够上吴忠中学，失去的就不仅仅是6分，而是优秀学生的不断流失带来的吴忠教育的恶性循环，失去的则是地方老百姓对吴忠教

思 旅

育的信心。与民心相比，何为利弊？

　　利与弊面前，众人总是会蒙蔽双眼。随着社会迅猛发展，世人思潮的巨变，人们追求利弊的视角各不相同。透过表象看清本质未必是利，"糊涂"未必是弊。

来自桃李之幸福

2015 年 4 月 1 日

教育工作者最大的幸福莫过于桃李满天下。学生的成人、成长、成才、成功，是教师最大的成就，也是教师最大的幸福。

今天是 2015 年 4 月 1 日，一大早出门上班，欣喜地迎来了 2015 年春季的第一场雨。虽然下雨，但和往常一样，我仍然坚持步行上班。雨打在脸上，打在身上，发出滴滴答答的响声，让人感到很是舒服。深呼吸，吸一口泥土的清香，更是沁人心脾。

"春雨贵如油"顿使我回味起 3 月 30 日、31 日华东师大夏志芳和董蓓菲两位教授到学校与教师们的交流讲座。两位教授在专业领域的研究造诣，交流中对教师的启发引领，正如这春雨一般滋润着每位教师干渴的心田。教师们对教学的追求与探索又如同雨后春笋，各个争先崭露头角，未来教师的专业成长定会芝麻开花节节高。

正当我心中流露喜悦，美滋滋地浸泡在与专家交流的情景之中时，突然，迎面一位高中的女学生向我打招呼："叔！您能帮我一个忙吗？手机借我用一下，我给家人打个电话！电动车坏了，快迟到了！"女孩焦急万分，一连串的乞求。天蒙蒙亮，反倒把我吓了一跳。我猛地一抬头，才搞明白，原来女孩的电动车坏了，想借我手机与家人联系。我见状，二话没说，急忙掏出手机，拨通了女孩提供的号码，帮她联系到了家人。

"孩子别急，你妈妈马上就赶到了。"不知是着急还是害怕，手机挂后，我发现女孩站立不稳，东张西望，心神不宁。于是，我便对她说："我是盛元小学的老师。放心的话，电动车留下来，我帮你寄存在小区门卫那里，等你父母来取。"她一听我是盛元小学的老师，便主动搭话，"我就是盛元

思 旅

小学毕业的学生，班主任是魏淑琴老师。"说话间掩饰不住她心中的自豪，同时也缓解了她焦急的心情。

我本很好的心情，越发好了。因为作为教育工作者，见到有学生遇到困难寻求帮助，自己主动帮助原本是应该的事情。但茫茫学海中能遇到自己学校毕业的学生需要帮助，便觉得亲切万分。教育的成功，不仅仅是追求学业成绩的高分，更重要的是综合素质的培养，自主、自立、自信、自律等各项能力的形成。看到学生走出校门后，不仅没有感到母校难以启齿，还能自豪地说自己是盛元小学毕业的学生，而且面对困难，具备了自主解决困难的能力，真的是倍感欣慰。

女孩的母亲来了，深表感谢，将电动车推走，顺着吴忠中学的方向走了，母女俩的身影渐渐模糊在远去的人流之中，我心中默默祝福：多好的孩子呀！祝学业有成！

一个孩子的成长，幼儿、小学、初中、高中、大学都很重要。但大部分学生走向社会，与中学、高中、大学老师联系的多，与小学老师联系的甚少。当我看到这个女高中生在提起小学的母校流露出十分自豪的语气时，我的心仿佛春天的幼苗被这甜甜的"春雨"润泽，幸福溢满心头，久久的，久久的……

行走雨中，洗涤心灵

2015 年 4 月 1 日

　　淅沥沥的小雨下个不停，桃李芬芳的幸福犹如做梦似的闯入了我与专家的心灵对话的回味之中，又好似在愚弄人似的，再次将我的思绪拉回到了与专家交流的回忆之中。昨天万里晴空，华东师大夏志芳、董蓓菲两位教授刚离开吴忠，今天就迎来了 2015 年的第一场春雨。与教授交流后心灵的振荡，心灵的冲动，犹如今天的春雨滋润人的心田。步行雨中，两天来与专家教授共同参与活动，参与交流，聆听讲座的场景还时时浮现在眼前。昨天是新的起步，今天是开始，明天是未来！昨天、今天我们将在专家教授的理念雨露中滋润成长，将在专家教授的指引中明确方向，也将在全体教师的探索中辟出蹊径。未来的日子，我们将如同雨后春笋，各个争先，显露头角，扎实前行。

　　回顾这两天与专家教授的共处交流，董蓓菲教授一直追问一个问题："这样设计的依据是什么"，教师回答，寻找设计的依据动辄冷场，时不时的就触动我的思考，教师的无语更是时时触动我的神经。我内心问自己：我们的老师对课标、对教材、对学生真的不熟吗？直至交流结束，我恍然大悟：我们的教师对课标、对教材只知其一，不知其二，把握课标、吃透教材深度不够，学情分析不透彻。2011 年，市区各学科教材教法达标之后，教师对课标、教材、学情分析的把握，能力的形成，伴随着新上岗教师的不断补充，出现了断层。教学设计随心所欲，无处寻根。习作教学每个环节的设计依据是什么？董蓓菲教授层层深入，引发全体参与交流的教师又一次从课标、教材、学情三个维度把握课标，应用教材，分析学情，清楚地让教师认识到准确把握教学内容，找准设计依据，这对教师上好课至关重要。课标、教材、学生便是课堂教学的活水源头，课堂生命之本。

董蓓菲教授帮教师再度寻找进行教学设计的依据，就是教师教学设计、组织教学的"根与本"。无根可寻，教师的教学准备得再充分，都是随意的，甚至是本末倒置。语文学科识字、阅读、习作教学，每个教学环节的设计都应该从"课标、教材、学生"三个维度的视角来寻找设计所应该达到的识字要求、阅读要求，习作训练的依据，夯实写什么，即写作内容的确定。因此，首先要定标。就是解决好写什么、为什么写的问题。

围绕定标，解决写什么、为什么写的问题。我们要做好三件事：一是梳理每个年级、每册书中课标对习作的要求；二是梳理每个年级、每册教材中习作的篇目和要求，习作训练的知识点；三是梳理每个年级、每册教材中单元重点训练项目。

解决好了写什么、为什么写的问题之后，就要解决怎么写的问题。结合学校多年来的研究成果，在专家的指导下，进一步取舍确立四种习作课型加以解决怎么写的问题。情景习作课、读书习作课、体验习作课、自主评议课，四种课型的确定，是为了解决怎么写作的问题。

方法很重要，方向更重要。因此，今后一段时期，我们就要坚持践行"写什么、怎么写"的不断研究、提炼、总结，才能独辟蹊径。

这雨不仅滋润万物，也洗涤着我的心灵。

由"调皮"学生引发的德育评价策略

2017 年 5 月 8 日

  今天是星期一，是一周崭新的一天，心情格外的好。一大早起床，十六小新校区工地让我过去有几个事项要现场决定。我在工地上查看期间，突然发现两个陌生号码打来的 6 个未接电话，一看是陌生号便没有搭理。几分钟后，裕民小学的王森校长又打来 2 个未接电话，于是我将电话回过去。王校长一接通电话，第一句话是："兄弟！有个事，我觉得还是先和你沟通一下。"我嗯了一声，就听电话的另一头王校长接着说道：你们学校有个同学，在 35 路公交车上和我校的几个学生发生争执，并戳伤了我校一名女学生的大腿。家长很是气愤，情绪很激动，说是要向教育局反应情况……"我顿时意识到之前 6 个未接电话的陌生号一定是裕民小学那位女学生的家长打来的。

  这位惹事的学生是我校六（5）班的一名学生，平时油嘴滑舌，衣着不整，行为放荡，空竹抖得不错，不爱学习，尤其是六年级马上要毕业，有点躁动，早就成了我关注的对象。学校作为十抓十提升，校风校级深度治理的典范，刚刚开完现场会，没想到竟然发生这样的事，我不由得怒火冲天。我强压心中的火气，向电话另一头的王校长说道："谢谢老哥及时沟通！我到学校联系家长共同加强教育。"之后立刻与对方家长电话联系表达歉意，争取了家长的谅解。

  以我当时的心情，一定要好好收拾收拾惹事的学生，训诫他一顿。但转念一想，他还毕竟是个孩子，再说这也不是长久之计呀。就算可以监督他在学校的行为表现，也不好监督他在校外的表现。而且，对待一个孩子更不能用简单粗暴的方式教育。

思 旅

要处理此事，怎么办呢？经过一番冷静思考，我脑海中突然蹦出了与公交车司机建立盛元小学学生文明行为表现回访机制。建立司机联系卡，实施对我校学生乘坐的所有公交车进行适时电话回访，了解学生在公交车上的行为习惯、文明程度等，并建立回访记录单。回访记录单建立后，我第一个就打给了这次惹事的学生所乘35路公交的王师傅，详细了解了惹事学生的表现，效果真的不错，很好地解决了教育局十抓十提升中抓校风校纪向校外、家庭、社区延伸难的困惑。如法炮制，我便指导政教处制定了盛元小学社区管理员回访记录单、家庭回访记录单，一直以来困扰我的难题一时间迎刃而解。

塞翁失马焉知非福！坏事未必不是好事。问题不可怕，可怕的是面对问题没办法。

校园文化建设的深度

——与吕校长交流的启示

2017年5月29日

  周末，恰逢商量"六一"市领导慰问的事宜，便与市教育局督导室郭自立主任、自治区教育厅教研室刘学忠、利通二小的校长一起喝早茶，茶余之间，谈到学校特色、学校文化。以及学校文化建设的三个步骤：寻根、塑形、铸魂。"寻根"，一方面是在中华传统文化中去寻；一方面是在地域文化中去寻；另一方面是在学校的发展历史中去寻。从以上几个层次来看，我自认为理解、实践都还是比较到位的。空竹是中国传统文化，历史悠久，也是北京非物质文化传承项目。学校从2012年引入空竹作为学校特色项目，长期坚持，成为学生喜爱的项目之一，受到大家的认可，可以说有根可寻。但随着学生的毕业，一切将从头再来，在实践中始终有一种空虚，抓不住，摸不着，距离我们很远的感觉，总觉得缺少一点什么。

  中华五千年的文明源远流长，传统文化中的渊源就是学校文化建设的根。文化没有根，其在校园就没有生命力。这一点我每做一步都十分重视，到底缺什么？答案在自己脑海中似乎有，但不是很坚决，致使自己决策犹豫。

  谈起学校文化，吕校长就我校的空竹，谈了他的意见。他说："盛元小学现在抖空竹抓得不错，但我个人的意见是：你们应该在学校开辟一定空间，挖掘空竹起源、发展的历史阶段的不同空竹样品进行陈列，并附有文字介绍，挖掘空竹文化的'根'，这样盛元小学孩子们抖空竹特色就不会是无源之水、无本之木，文化就有了其内涵。"真不愧是老校长，一语点醒梦中人。起初有这样的想法，但都因为空间局限，搜集困难，以及个人

思 旅

的懒惰，没有坚持初衷半途而废。今天这一点拨，明确了做此事的重要性，坚定了做此事的决心。让我长期以来的困惑，找到了答案。缺什么？缺文化建设的深度。这个深度，就是"寻根""塑形""铸魂"的连贯动作，是组合拳，我只是做了第一步，所以深度不够，没厚度。

这次简短的交流，使我再次联系起2013年在苏州挂职时去过的几所学校。景范中学，一进学校大门，正对的是范仲淹旧居老宅"文正殿"，是旧时私塾学堂，解放后学校修复学堂，将新建时出土石碑等文物陈列其中，有学校建址变迁记载等，现为"范仲淹事迹陈列馆"。公元1049年，先贤范仲淹在灵芝坊祖宅（今景范中学所在地）创设"义庄"周济宗族。同时，设立"义学"以教族人子弟。范氏后人秉承范公"益天下之心，垂千古之志"之理想，屡出私钱筑垣，使"范氏义庄""文正书院"虽"中更散乱而遗泽依然"。1989年10月，正值范仲淹诞辰一千周年之际，为了景仰范仲淹，学校更名为"苏州市景范中学"。学校内的遗迹旧址，一景一物都透射出历史的气息，让人产生遐想，让人的思想穿越时空追忆几千年来古人生活学习的情景，再现当年的场面，若隐若现，时而飘渺却令人向往。管理者以他诗句中"先天下之忧而忧，后天下之乐而乐"的远大抱负确立学校办学理念："继承先忧后乐精神，培育既文且正学子"。校训"先忧后乐"秉承中国传统文化与儒家思想精髓，体现了景范人对以范仲淹为代表的古代先贤圣哲人格风范的敬仰之情。正是因为人们的意识和社会的重视，这所学校千年悠悠历史，文脉的厚重，自然使学校真正成为文化校园；根深蒂固，文香四溢，使学子们思维不停，行动不止，既文且正。

苏州十中是比较有名的一所高中，校园有着深厚的文化底蕴，这个院子里有着太多的历史记忆，是全国重点历史文物保护单位。瑞云峰被誉为明清三大太湖石名石之一，伫立在西花园，已经有二百多年的历史，是学校内的一处历史文物，与之相应的还有校门——清朝苏州制造署衙门。一块石头，一扇门，现在是江苏省重点保护文物，其中的历史故事带给人们更多的是思索和联想。柳袁照是学校现任校长，更是全国知名校长之一。在学校改建扩建时，始终坚持"修旧留旧，修旧守旧"的原则，没有拆一座旧建筑，没有砍去一棵树木，每一处建筑，每一处景观，都保留了原址原貌。就连开挖地基时发现的老院子里的一口井都保留了下来，恢复原貌，挖掘历史来由。其中一处修复是为纪念第一任校长"三先生"。"三先生"名叫王季玉，因为她在家里是老三，所以大家都叫她"三先生"。另一处的修复是纪念第二任校长王谢达人。学校传承了首届学子感恩母校的做法：西花园的空地上、校园的犄角旮旯以及建筑物的墙壁上有历届毕业生勤工俭学为学校留下的石头、景致、书画石雕等，选址、题词、石刻内容均由学生完成，校园处处有历届学生的历史印迹。

　　苏州第六中学，故居交学校使用，旧居主人的身世，求学做官，报效祖国，演绎出的历史故事，让人遐想，让人肃然起敬。

　　苏州中学依托文庙办学，将孔子游学的场景再现当代学子的面前，仿若置身于孔学圣地，让人油然而生敬畏之情，弟子三千躬学的情景时隐时现，让人身临其境，让人深感"此处无声胜有声"的教育境界。

　　等等这些集"寻根、塑形、铸魂"为一体，就是教育的思想，文化的深度。设计者以学生受教育的角度规划设计，充分体现人文性，高层设计者的前瞻性和独到眼界，让千年历史成为诸多学校发展的文脉，使每一所学校深得文脉滋养，学校文化厚重而富有生命力，源远流长，使学校拥有了特别的神韵：厚度、深度、温度，学校的文化也因此而根深叶茂。

　　从传统文化中去寻根，留下的实物是文化的根，追溯到的实物和历史记忆同样也是文化的根。老校长对文化认知的深度，正是我们年轻校长缺少的经验积累，"听君一席言，胜读十年书"。

习作教学校本化研究成果推介会

2017 年 5 月 18 日

  今天的天气格外晴朗。7：00 我先是来到学校，照例翻了几页书。《贞观政要》内容对我来讲大多真的很难懂，看了两篇。时间过得飞快，已经 7：33 了。我便离开了学校赶往电影院，去参加对学校、对教师、对我来说都是有历史性记忆，难忘的盛会——聚焦语言文字应用，提升学生核心素养暨吴忠市盛元小学习作教学校本化研究成果推介会。这是自治区教育厅教研室主办，吴忠市教研室承办，力推我校习作教学校本化研究成果的一次会议，这在宁夏以省区推广一个学校的研究成果，还是语文教学的冷门——习作教学研究成果是第一次，史无前例。

  去电影院，我一路步行前往，故作平静，但内心却抑制不住喜悦和激动。因为，自 2010 年起，前任金星校长带领盛元小学的教师们就开始了《小学生随笔化习作能力研究》的课题。2012 年，我上任盛元小学支部书记、校长后将课题研究坚持延续到现在；先后又经历了《阅读教学中习作教学资源的开发与利用》《习作教学校本化研究》两个阶段；并于 2015 年初请到了华东师范大学董蓓菲教授指导教师走出了研究"瓶颈"，形成了今天这具有强大理论支撑的"情景习作课""读书习作课""自主评改课""读悟评改课"习作教学四种课型。教师们的付出没有像过往云烟，随风飘然，而是落地有痕，以厚厚的一本《盛元小学习作教学校本化——操作指南》，分原理、实践、感悟、习作、研究五个部分，记录了教师们的研究历程和研究成果。这是学校坚持六年带领教师们积累的精神财富之一。脑海中浮现出这几年不被人理解、无助，甚至被人背后指说情形，曾极一时的心酸，此刻顿时全然消失，昂首挺胸走进了电影院。

哦！7:45，会场早已坐满了人，参会专家、领导都到了，我却成了"迟到者"。很快到了8:00的开幕式，当我登上讲台的那一瞬间，心里开始有点紧张，彻底打破了之前我故作的平静，平添了几分担心……

开幕式先是我的欢迎词，接着是吴忠市教研室白忠明主任的讲话，然后是我校海玉峰、马少燕、官蔡琴、马桂莲执教的四节习作教学课，随着每位教师课堂的进行，我的心此起彼伏，直到早上的四节课结束，基本上尘埃落定，我悬着的心才真正平静下来。

下午是马长革副主任对盛元小学展示的四节习作教学课，围绕"聚焦语言文字运用，提升学生核心素养"做了很好的点评。讲得非常好，客观、准确地点出了四节课的得失，充分肯定了学校习作教学校本化研究所取得的成效和突出贡献。

最后是银川市教科所仇千记老师的讲座，他以《科学指导小学生习作》为题，从蹲下身子看"习作"，把"真实"渗进骨子里，还给学生"习作自由"，"扶正"阅读教学，"大作文"与小练笔相结合五个方面进行理论联系实践的讲座。他的讲座引证了大量的案例，深入浅出，迎来台下教师阵阵的掌声，让人回味无穷；他的讲座情感投入感人至深，尤其讲到他与父母、与家人的故事，以及他的岳母去逝的案例，勾起了我对母亲的思念，泪水涌入眼眶，不由得哽咽，鼻子酸楚，引人入情入景；他的讲座让我敬重的同时，不由得憧憬未来：假如每个教育工作者都能像仇老师如此热爱教育事业，研究教育，研究教学，那教育将会是一番什么样的景象……

第一天的活动以仇老师的精彩讲座而结束，这一天简直是太充实了。

研究没有终止，结束便是开始

2017 年 5 月 19 日

今天是聚焦语言文字运用，提升学生核心素养暨盛元小学习作教学校本化研究成果推介会的第二天，8:00 钟是丁建国老师执教的读书习作课，课上得很成功。课后是我校白石花副校长做了题为《实施习作校本化研究，润泽师生幸福人生》的交流发言，清晰地将学校七年来实施习作教学研究的三个阶段及成果做了很好的呈现。上午的最后一项是大家期待的华东师大董蓓菲教授题为《作文教学改革的国际视野》的讲座。讲座从三个方面分析了习作难、难写作的原因，习作教学指导的策略，让在场的老师领略了最前沿的作文教学理念与方法。董教授的讲座如甘露润心，会场掌声不断，高深的理论，接地气的丰富实践，真是让人受益匪浅。但也油然而生一种感觉，是研究结束的喜悦，还是研究结束的空洞，我也说不清楚……结束了？结束了？七年的研究就这样结束了？这也许就是我突然感觉空洞的原因吧！真的就结束了吗？昨天开幕式我的欢迎致词中还写到：学无止境，研无尽头。今天伴随着活动的结束怎么研究就结束了呢？也就是这样一个质疑，引发了我新的思考。

回顾五节课，教师还是停留在对四种课型流程化的操作上，以自身为中心的多，完全充分地关注学生学和学习生成的较少。这就是课上得不错，但总觉得缺点什么的原因。教师组织学生课堂学习的方法单一、生硬、干瘪，教师抢占学生学习时间，没有真正把学生装在心上等现象还依然存在，而且不及时矫正，会前功尽弃，"以生为本"的理念教师还没有完全树立起来，这使得活动美中不足。

研究源于问题。既然教师对学生课堂学习行为关注不够，组织学生课堂学习的策略少，那么下一步的研究课题就围绕"三步五环"教学和习作教学的四种课型，初步确定为"课堂学习策略的研究"。课堂学习策略是教师在课堂教学过程中引导学生掌握学习方法、学会学习而组织的课堂教学高效实施的手段。课堂学习策略的研究也是针对学生核心素养——学生学会学习所实施的研究，符合新课改的方向，是教师巩固习作教学四种课型研究成果的延续性研究，更是"以生为本"理念的实践性研究。真可谓：山重水复疑无路，柳暗花明又一村。

欣然泪下

2017 年 5 月 21 日

男儿有泪不轻弹。两天的会议，我竟然三次泪水湿润眼眶。一是看到学生课堂精彩表现的那一瞬间；二是听到仇老师讲到与父母、岳母故事的那一瞬间；三是听到马兰老师点评一所学校七年坚持致力于一件事情，对小学语文习作教学实施研究，为习作教学作出了贡献，让人感动的那一瞬间……

学校精细化管理的思考与实践

吴忠市盛元小学——路云

管理是一门科学，更是一门艺术。对于校长而言，管理是职责，更是衡量业绩的标准。许多学校的成功经验都证明：精细化管理是一种理念，一种文化。精细化管理是学校追求进步、实现发展的重要过程，是提升学校整体执行力、促进可持续发展的有效途径。盛元小学是一所新建的城市学校，要进步、要发展，要践行"为幸福人生而教育"的办学理念，必然要走"精细化管理"之路。

一、规划定位，明确航向

规划犹如学校发展的航行之舵。科学合理的规划是定位学校的发展愿景。确立师生价值取向、价值追求的浓缩，是学校落实工作的行动指南，更是学校发展的灵魂。规划不是墙上挂挂，纸上画画，规划的制定是班子成员广泛参与，全体教职员工群策群力，建言献策，达成共识，确立共同愿景的过程。学校工作要做到"一以贯之"，理念是准绳，规划就是抓手。纲举目张，即：对照规划定计划，做到目标明确；对照计划抓落实，做到过程规范；对照结果看实效，做到全面关注。各项工作做到上有抓手，下有延伸。这个抓手就是学校的办学理念，就是学校的中长期规划；这个延伸就是计划，就是活动安排，就是督查落实，就是检查考核；这个实效就是学生发展，教师发展，学校发展。只有做到目标引领，任务要求，过程检查，评价考核，各项工作才能务实，不落空。因此，规划是行动的指南，发展的灵魂。

二、管好干部，带好队伍

干部、教师队伍的成长不仅仅是学校发展的保障，更是学校办学的重要目标。精心规划干部、教师的专业成长，可以引导干部、教师师德师能的自我完善，自主发展。

首先是规划中层干部的成长。中层干部的凝聚力和工作效能直接关系到学校办学理念和学校发展规划能否实现。落实过程中，中层干部只有发现问题，敢于解决问题，才能解决好问题，才能具备解决问题的魄力；只有善于盯住不放松，特别对工作拖沓，不认真执行，不按要求执行者，分管领导更要紧盯不放，必须通过个别谈话的形式加以追究，才能全面提振师生的精气神。譬如：盛元六年，我们持续组织班子实施《盛元小学中层干部"一五七"行动计划》，即坚持一个原则：坚持领导常规工作的"1234"原则，即：吃一、看二、关三、勤四。"吃一"，即：吃透一个精神；"看二"，即：看自身的敬业精神，看自身的团结和凝聚力；"关三"，即：关注安全，关注课堂，关注教师；"勤四"，即：腿勤、眼勤、嘴勤、手勤。落实五种意识：服务意识、学习意识、主动意识、到位意识、创新意识。做好七件事情：（1）读好书刊。（人手一本传统文化书籍，一本教育教学刊物，认真阅读，记好笔记，写好读书体会。）（2）做好辅导。（每学期每人要从思想、学习、生活等方面辅导好一名后进生，做好辅导记录。）（3）管理好年级组或教研组。（参与并指导教研组工作，定期审阅教研组手册，每月给教研组进行一次辅导讲座。）（4）搞好科研课题。（参与课题研究，有研究的相关资料。）（5）做好教学的指导与落实。（依据教务处的教学要求，做好定期听课、指导、落实工作。）（6）带好徒弟。（带一名特岗教师，做好教育教学的指导工作，填好师徒结对手册。）（7）写好论文。（每学期撰写2篇教育教学论文），通过《盛元小学中层干部"一五七"行动计划手册》的强化落实，进而提升班子成员的专业素养，塑造德艺双馨的干部队伍。

其次是规划教师的专业成长。一所好学校关键要打造一支优秀的教师队伍。因为教师是立校之本，师德是教育之魂。学生、学校的可持续发展关键在教师。只有提高教师的道德认知水平，提升教师的文化品位，丰富教师的内涵品质，在教师美好言行的熏陶中才会逐步实现学生良好道德品质和习惯的形成，才会实现素质教育的培育目标。

"教育根植于爱""教育的秘诀在于真爱"，作为师魂建设的要义，学校提出教师七项承诺铸造师魂，即对孩子微笑，让每一个孩子不受冷落与歧视；与孩子交谈，让每一个孩子和教师平等对话；帮孩子明理，让每一个孩子体验真、善、美；教孩子求知，让每一个孩子的问题都有答案；让孩子自主，让每一个孩子的个性得到张扬；给孩子机会，让每一个孩子的特长充分展示；替家长分忧，让每一个家长都无须担心挂念。在教师中开展"五心"教育，培育"五心"，铸师魂。即孝心、善心、公心、爱心、同情心。要求教师做到心中装有父母，心中装有父母的人有孝心，培育教师的孝心；做到心中装有子女，心中装有子女的人有善心，培育教师的善心；做到心中装有他人，心中常装有他人的人有公心，培育教师的公心；做到心中装有学生，心中装有学生的人有爱心，培育教师的爱心；做到心中装有弱者，心中装有弱者的人有同情心，培育教师的同情心。引领教师树立正确的价值观，积淀校园精神文化之魂。

教师专业成长不能囫囵吞枣、一锅烩。为促进教师专业化发展，走内涵发展之路，学校要根据教师队伍现状，划分确定教师结构，明确教师老、中、青的比列，实施教师梯队管理机制。制定《青年教师培养办法》《教师梯队认定管理办法》《名师使用管理办法》，落实教师培养目标，做好教师梯队的晋升工作。细化认定过程，由教师个人申报，教务处组织认定工作小组进行认定，由学校授予新的梯队认定证书，激励教师向新的目标迈进。进一步确立学科带头人、骨干教师、名师，分层培养对象，明确培养期限。安排不同梯队教师的培训学习任务，通过教学汇报课，加大教师梯队的培训力度；采用教学比赛、素养大赛、课堂教学汇报、技能大赛等形式促专业成长；通过安排不同梯队的教师汇报课、竞赛课、说教材比赛、技能大赛、风采大赛、优质课展示等活动，提升教师专业素养，使不同层次的教师都能快速脱颖而出，成为教学的中坚力量。完善建立教师专业成长记录档案，呈现教师成长过程，让教师感受成长的快乐，成功的幸福。

三、管理要坚持制度与人文的有机结合

科学合理的学校规章制度是学校精细化管理的重要前提。在各项规章制度的出台上，我校始终坚持"走访——研究——初稿——试行——讨论——成文"七个过程。如在出台《盛元小学教师职称评审工作考核细则》时，校行政和校务委员就我校职称评审过程中存在的普遍现象和个案与教师进行了广泛的交谈，认真听取他们的意见。校委会将收集到的意见和建议形成条款，下发教师讨论，再修改，形成试用条款，下发试用。由于规章制度的制定体现了广泛的民主参与，有每一位教师的点子，因此可操作性强、可执行度高，有效地避免朝令夕改和无法执行的尴尬局面。依据学校教师的实际情况先后制定完善《吴忠市盛元小学校发展三年规划》《吴忠市盛元小学教师考勤制度》《吴忠市盛元小学教职工工作量测算办法》《吴忠市盛元小学教师职称评审工作考核细则》《吴忠市盛元小学教师奖励性绩效工资考核分配实施办法》《吴忠市盛元小学工会慰问教师制度》《吴忠市盛元小学教职工福利制度》《吴忠市盛元小学教学效益奖励制度》《吴忠市盛元小学德育工作者表彰奖励制度》等制度，使教师的言行有"法"可依，有章可循，使制度成为教职工评优、评职、晋级、工作调动、奖罚的标准和依据，成为全校教职工共同遵守的准则。

四、"以人为本"，关注人的细微思想变化

细节决定成败，学校管理的"以人为本"更要小而入微。日常工作中一定要注意师生细微的情感变化、心理变化、言行变化，做好细致入微的疏导和引领。2012年期中抽测六（3）班，海老师班学生抽测成绩很不理想。面对海老师，目光对视的瞬间，海老师与学生打成一片，帮助组内教师制作课件，组内积极上课磨课，参加市区教研能力大赛与团队所有教师加班加点，全国随笔化教学研讨会奔波的身影，像放映一样再次回放，使我激动的心平静。对教师的偶然失误，是批评还是安慰鼓励。要成绩，还是要

教师的工作热情、工作投入，权衡之后，我对海老师说："没事海老师！一次的失败，更有利于今后的成长！"看看海老师自责、内疚的表情，我顿感学校发展的强大动力。

学校学生参加合唱比赛，第一轮我校荣获小学组第一名，全市比赛获中小学组三等奖，两位音乐老师当时很沮丧，觉得很对不起学校的投入与支持。想到她们平时训练的投入和付出，我便安慰她们："名次不重要，你们努力的过程就是最大的成绩，恭喜你们又上了新的台阶。"

海老师、两位音乐老师、此后的工作更是加倍努力，如此这些在常规管理中随时出现的细节处理，真可谓：管人要管心，管心要知心，知心要关心，关心要真心。工作中的诸多事例，让我更加坚定：管理不要因为教师的工作失误而谴责，要公平公正、追求真实、信任、依靠、发展教师，才能让教师站在学校主人翁的地位，使常规、过程、细节闪烁神圣的人生光辉。

五、管理要巧用"暗示、明示、面示"

人非圣贤，焉能无过。管理中必然会撞到这样或那样犯不同错误的人，要结合不同的人不同性格特点，不同场合不同的神情变化，分"暗示、明示、面示"三个不同层次分别晓之以理，达到管理的预期效果。对于自尊心较强，好面子的人出现工作失误或错误，要采用"暗示"，旁敲侧击，点到为止，不可全盘托出，否则会适得其反。面对有上进心，但由于心肠大，对任何事自己从无意识，不拘小节，凡事总出错，这类人就适合"明示"，直接将问题和盘托出，相互交流，并提出合理建议，这样会使本人如梦方醒，会收到良好的效果。对个别工作态度不端正，工作拖沓，不认真执行，不按要求执行，而且工作频繁出现问题的人。管理者要做到紧盯不放，必须单独当面提出警示，通过个别谈话的形式加以追究，加以引导，加以警示，加以约束，规范其行为。实践中事务瞬息万变，"暗示、明示、面示"要在变与不变中加以尝试，不断总结，方能运用自如，得心应手。

总之，学校精细化管理力求层层完善、系统健康，任务个个担、责任人人负。目前，精细化管理虽然不说是最高境界的管理，但确实能提高工作效率，促进学校和谐发展，提高学校的办校成效。正如赵翠娟校长所说的，"把简单的事情做好就是不简单，把平凡的事情做精就是不平凡"。在学校的日常管理中，在我做校长的成长之路上，要努力做到每一个步骤精心，每一个环节精细，每一项工作出精品，精心是态度，精细是过程，精品是成绩。

培育学校团队精神的策略

宁夏回族自治区吴忠市盛元小学——路云
发表于《宁夏教育》2016年第5期

学校管理是学校充分利用校内外的资源和条件，整体优化教育教学各项工作，有效实现各项工作目标的组织活动，教师团队则是学校管理实现办学愿景和持续发展的源动力和内驱力。在学校管理的过程中，如何培育学校团队精神，增进教师团队的凝聚力、协作力，形成学校发展的核心竞争力，是学校管理者要深入思考的问题。

要使学校处于最佳发展状态，团队精神必不可少。培育一支充满团队精神的高效团队，是学校决策层的管理目标之一。要尽可能使该支队伍拥有共同的目标和期望，有着共同教育理念、职业观念、信念、价值观和行为准则，团结共进，这需要学校全体管理者的引领和全体成员的共同努力。

2014年，学校积极倡导"个人成功不算成功，团队成功才是真正成功"的团队精神，创新管理机制，实施教师团队管理，推动了学校健康持续发展。

学校班子研究并征集教师的意见，提出了盛元团队品质和盛元团队精神。学校班子研究，并征集教师的意见，提出了盛元团队品质和盛元团队精神。盛元人的品质：忠诚、感恩、包容、责任；盛元人的精神：奉献、团结、拼搏、创新。在一定时期可以为教师团队的发展领航，引领教师树立共同的目标追求，树立社会主义核心价值体系以及正确的人生观、价值观。

策略一：创新管理机制，促进和谐发展

以制度为准绳，不断创新队伍管理机制，提升两支队伍整体素质，激发队伍内在动力，使教师团队自主、自信、自立、自律，是促进团队和谐

 思 旅

发展的关键。

首先是塑造管理团队，架起团队管理的桥梁。班子队伍是学校决策者与广大教师密切联系的桥梁和纽带。带好班子是学校实施团队管理，培育团队精神的有力保障。

（1）实施《盛元小学中层干部"一五七"行动计划》，即坚持一个原则，树立五种意识，做好七件事情。在领导班子建设中，进一步明确领导干部教育、教学、教研指导任务，坚持常规工作"1234"一原则，即"吃一、看二、关三、勤四"。树立五种意识，即服务意识、学习意识、主动意识、到位意识、创新意识。着力做好七件事情，即读书学习、做好辅导、管好年级或教研组、搞好科研课题、做好教学的指导与落实、带好徒弟、写好论文。多元评价中层干部的工作，让领导真正深入一线，解决教育、教学、教研的实际问题，弘扬团队精神，不断提升班子成员的专业素养和团队管理能力。（2）实施副职挂职校长岗位培养机制。分别让副职分阶段全面代行校长主持全局工作，提高统揽全局的眼界，培养大局意识和全局意识，提高管理能力，让班子成员人人体验团队的重要性，引领班子成员人人讲奉献，激发班子成员的责任意识，增强副职责任分担的幸福感。（3）建立青年干部人才培养机制。为德才兼备的青年干部搭建平台，为青年教师设置校长助理、副校长、校长等岗位，提供锻炼机会，建立培养档案，使其成为教育干部后续梯队。

其次要创新团队管理办法，为教师团队管理提供准绳。学校依据规划中团队建设目标，整合各项规章制度，在教师中实施《盛元小学教师团队提升管理办法》。将教师各项工作完成情况进行团队提升考核，坚持周考核公示，月汇总绩效，年评选优秀团队的工作流程。在整个管理过程中，将个人得分汇总为团队得分，将教师出现的问题和矛盾，从以往与管理者的直面冲突，过渡为由组长警示，由组内同伴提醒，使教师的消极情绪化解于萌芽时期，为共同的目标而努力。这样，既调动教师个人的积极性和创造性，又发挥团队的团结协作精神，同时增强了教师自我约束感和自觉遵守规章制度的团队意识。

策略二：优化团队组合，提高团队凝聚力

团队管理的实施，对团队中的个体进行优化组合至关重要。因为教师的年龄结构、性格特点、脾气爱好、团队人数等，都是影响团队建设，发挥团队凝聚力的重要因素，因此，学校在实施团队管理的过程中要特别关注团队的优化组合。盛元小学结合实际和教师状况，制订了具体的实施方案：一是年龄优化组合，使团队长远发展有梯度。团队建设进行老、中、青优化组合，老教师的教育教学经验可以实现传、帮、带；中年教师体能各方面较为稳定，可以形成中坚力量；青年教师充满朝气活力，富有创造力，融入青年教师的活力与创新，团队可以实现经验、稳健、活力、创新的完美组合，使教师团队不断层，有利于促进学校健康持续发展。二是性格优化组合，扬长避短。团队成员中有的内向、有的倔强、有的开朗、有的温和、有的火爆、有的桀骜……假如团队成员大多数性格暴躁，工作就会风风火火，不计后果；假如团队成员大多数性格温和，工作就会风平浪静，没有活力。管理者只有根据不同教师的个性优化组合，才能形成相互鼓励、相互包容、科学互补、相互担当的团队，才能使团队形成奉献、团结、拼搏、创新的发展势头。三是性别优化组合，实现互补，提高工作效率。有的团队就可以采用男女性别优化组合。"男女搭配，工作不累"，异性在共同的工作环境中所起的积极作用不可小视。男同志粗放、豁达，女同志心思细腻；男同志阳刚，女同志温和，如此等等。要尽可能做到男女合理组合，优势互补，增强凝聚力。

由此可见，合理的组建团队，才能够形成凝聚力，抱成团，调动团队每位成员的最佳工作状态，汇聚正能量，成为一支不用扬鞭自奋蹄的教师团队。

策略三：评价激励，激发团队活力

一个团队如果没有好的团队管理激励机制，即使有再好的管理办法，再好的优化组合，天天说品质，说精神，时间久了，结果同样会是温水煮

青蛙，激发不出活力，不能保持持久的战斗力。

首先，评价教师团队的绩效，激发团队的工作热情。围绕团队管理办法，学校领导对各项工作以团队整体实施考核，每月将个人工作分一、二、三等评价绩效，每年教师节对教师团队教育教学成果分一、二、三等予以评价。这样，既体现个人贡献，又激励团队协作；既调动个体的积极性，又鼓励团队协作，可以使整个教师团队永远保持积极的工作热情。

其次，实行一体化评价，提高团队管理实效。为了确保团队管理的实效，真正发挥包年级领导的管理指导作用，学校把领导所包年级团队工作绩效与领导的管理绩效直接挂起钩，实施一体化考核。教师团队的绩效就是包年级领导的业绩，每年教师节领导的教育教学成果奖与所包年级团队成果奖同类发放。这样，领导与所指导的团队就会成为发展共同体，荣辱与共。

策略四：立足人文，关怀团队

教师是传递爱心的使者，科学合理的学校规章制度是学校管理的重要前提，但教育不能失去了真、善、美的传递。因此，团队管理中我们也始终坚持制度、人文两条线，以制度管理约束人，人文关怀暖人心。坚持刚柔相济，宽严结合，取消教师上下班签到制，人文关怀坚持"七个必须"，即教职工及家人患重大疾病必须探望，教职工家中有丧事必须吊唁，教职的评优选先、职称评聘必须公平，教职工身体健康必须关心，退休教师的生活必须关注，教职工子女参加中高考必须慰问。制度管理下的人文关怀极大地调动了教职工的工作积极性，大大提高了教师的工作效率，形成了学校管理的基本章程。

策略五：搭乘信息化快车，提升团队管理的品位

教师团队管理信息化是适应时代发展的需要。数字化校园的建成，为学校教师团队管理的实施提供了方便快捷的管理操作平台。利用云服务平台能很好地实现信息化与教师团队管理工作的融合，使学校教师团队评价

考核数据电子化，同时实现了资源共享。管理者、教师、学生、家长，利用手机、平板、笔记本电脑、PC机等终端，通过团队考核综合管理系统提取考核细则，随时随地对教师个体实施过程性考核，由系统自动生成个体量化结果，汇总到所属团队，形成团队综合得分，存储到"幸福储蓄卡"。大大减轻了管理者的工作量，更加便捷考核，提高了工作实效和工作品位。

  总之，管理是一门艺术，着力培育学校团队精神，加以领导艺术、公平激励机制、价值观念、文化修养、奖励与表彰、政策的延续性等系列要素。团队精神与凝聚力必然得到弘扬和巩固，从而激发学校潜在的创造力，使学校教育教学改革与发展的整体目标得以顺利实现。

青年教师的成长策略

吴忠市盛元小学——路云 2017年12月6日

青年教师是一所学校发展的新生力量，也是后继力量，其成长关乎学校的长足发展和可持续发展。因此，重视青年教师的培养，引领青年教师成长，就是为学校的发展注入不懈的动力。那么青年教师如何才能健康、茁壮地成长，需要学校管理者不断思考与实践。

一、优秀团队是青年教师成长的沃土

"近朱者赤，近墨者黑。"一个人在什么样的团队当中成长至关重要。有什么样的团队，就会有什么样的队员。管理者只有不断挖掘团队的优秀行为，才能影响青年教师的健康成长。2012年，学校实施《盛元小学团队管理办法》，打造团队精神，老、中、青教研团队已形成。在教研组团队中，由于经验、认识、思维方式的差异，教师间思维的碰撞，经验的互补更加频繁。师徒间、师傅间、徒弟间的多向碰撞更激烈，从而每次对话都会有同质与异质的交融渗透，这些都将成为加快青年教师成长速度的添加剂。比如：盛元小学的数学教研团队包括名师、各级骨干教师，还有近几年新上岗的青年教师。在进行《数学思想方法的渗透》这一课题研究过程中，学校吸纳青年教师为课题研究组的成员，充分发挥数学教研组团队的作用，在明确分工的基础上，通过理论学习、搜集资料、课例展示、阶段汇报等方式，让青年教师参与研究的全过程，使其结合课题在努力完成个人三年成长规划各项目标任务过程中，吸取团队成员的经验、做法，改进个人的教法，促其不断成长。结题研讨会上，所有组员都围绕课题以及课例展开讨论。青年教师争相不让，在向名师学习的同时，流露出极其富有挑战性的语言。高志文谈到：数学课堂是文字语言、图像语言、肢体语言三种语言相互转换的课堂；王元红谈到教学中的某个环节可以"设障"，等等专业术语，语出惊人。短短几年时间，王元红、高志文、马丽娟、马丽等十多位年轻教师依托团队的成长，真的令人刮目相看。事实证明，盛元小学数学团队，以及其他各个团队敢于挑战、永不言弃、能够包容、挑灯磨课、孜孜不倦研讨教育教学的探究精神，正在滋养着青年人，为青年教师提供丰富的营养，引领青年教师学科知识储备由量向质过渡，成为青年教师茁壮成长的肥沃土壤。

二、师徒结队是青年教师成长的捷径

师徒结对是年轻教师迅速胜任教学，履行教育教学职责的有效手段之一。盛元小学自2013年以来，每年新入职事业编、特岗教师十人左右。五年来，青年教师达53人，占学校教职工总数的42%。具详细统计，研究生两名（马友慧、高志文），本科毕业100%，非师范专业毕生占35%，15%岗前代过课，75%没有教学经历。针对青年教师逐年增加，教学经验不足，两年培养期满后返回原校造成队伍不稳定等诸多问题，促使学校长期坚持实施《青蓝结对工程》，不断探索师徒结队的途径。一是按需定师。学校始终坚持以"需求"，定师徒。学校对于新上岗的教师，根据上班的年限，通过听课把脉会诊，沟通了解教师的"需求"，结合教师的意愿，确定他们的师傅。二是多元结队。学校结合年级组的特点，采用一师多徒和一徒多师的方式进行结队。当青年教师较多时，采用一师多徒，当青年教师较少，而骨干教师较多时，采用一徒多师。三是师徒交流。每学年，学校对师徒进行相应的调整，让师徒相互交流对调，使年轻教师能向更多的骨干教师学习，增加他们教学经验的"库容"。通过交流途径的探索，使自治区级骨干、吴忠市级骨干、校级优秀教师的作用充分发挥。四是师傅引路。每学年，学校组织师傅解读课标、指导青年教师学习课标、理解教材；组织师傅从课堂教学管理、教学过程、教学策略、教学评价等方面对青年教师给予指导；组织师傅上示范课，引导青年教师模仿，提高专业技能和课堂教学水平。师傅结队，师傅为青年教师不断地破窍门，青年教师便可以少走弯路，助力青年教师的快速成长。

三、宽松氛围是青年教师成长的空间

对于青年教师来讲，他们成长的宽松氛围更重要的应该是有一个良好的精神环境，让他们不觉得压抑，才能快乐幸福地成长。实际上就是创设"放养"的环境，使新上岗教师获得心理的放松。2017年秋季，盛元小学北湖校区分配来的17名新上岗教师，远离本部，减少了领导层层管理的压力。学校对北湖校区青年教师有意识大胆尝试放手，给他们留足自主发展的空间，一次性拔高培养目标的定位，倡导"自我管理、自我约束、自我发展"，尽可能为他们营造一个人人平等、宽松、融洽的氛围。在我们看来，领导要求教师怎样对待孩子，领导也必须怎样对待教师，以爱培育教师的爱，以爱传递教师的爱，包容教师成长中的"蜗牛"现象，积极看待教师在原有基础上的进步和成长。坚持在管理上"以师为本"，采取"三多"工作方法，不断激励教师成长。第一，多包容。教师是一份自尊心很强的职业，有其工作的特殊性。青年教师初入讲坛，教育教学一片空白，什么都不会，面对问题束手无策，这些都很正常。我们在处理问题时，要能宽容教师的不会，站在教师的角度去分析他们的心理，理解青年教师的一些行为，从而改进青年教师的工作状态。第二，多沟通。沟通是青年教师保持良好精神状态的一剂良药。实际上，青年教师迷茫时、困惑时，最需要与人交流。如果此时领导能与之交流，那就会是开心的钥匙，就能及时帮助他们走出工作、学习、生活的困境，帮助他们逐步理解"学高为师，身正为范"的真正含义，为青年教师终身从事教育工作奠定基础。第三，多激励。学生需要激励，教师更需要激励。一方面，我们要随时关注教师的点滴进步，善于发现，及时捕捉青年教师身上的闪光点，适时给予表扬激励，树立青年教师自信心，使青年教师看到成功，感到自我发展的满足和成就，发挥积极性，不断朝更高目标攀登。另一方面，我们要更加关注成长中的"蜗牛"教师。这些教师心理压力大，内心着急，引导、激励跟

不上可能会出现严重问题。前几年，新分配代培的特岗教师秦燕，个子小管不住学生，面对学生一点办法都没有，两个月过去教育教学一塌糊涂，不但没有进步，反而由于心理压力过大，恐惧上课，住进了医院。当时我们大胆地给她请假修养，半个月之后回到学校，我们没有让她直接上课，而是让她跟岗，自己如果想上课时，可以尝试着上，没有上课的意愿跟岗就行。其间领导们不断地给她激励，后来她主动申请先是尝试，然后再次重返讲台。她终于成功了，两年后回到原单位还成了骨干力量。因此，我们一定要做到不放弃每个青年教师，要帮助他们渡过难关，胜任岗位。实践证明，为每个人留足成长的宽松氛围就是最大的成长空间。

四、自我努力是青年教师成长的动力

"师傅引进门，修行在个人。"青年教师的成长不仅受外部因素的影响，更重要的是自身的修为。作为教师无论外因如何变化，如果内因不变化，都将无济于事。因此，自我努力是青年教师不断成长的内动力。一是树立明确目标。青年教师想要快速站稳讲台，胜任教学，成为合格的教师，首要任务是确立明确的努力方向，使自己有的放矢。一直以来，盛元小学坚持引导青年教师做《青年教师的职业生涯三年规划》，明确新上岗教师研读课标、教材分析；对师傅及其他教师的课堂听评课；参加汇报课、竞赛课；撰写听课随感、课后教学反思、论文等任务，引领青年教师对照规划目标任务锤炼自己，逐步形成自我成长的主动性和自觉意识。二是不断学习充电。知识信息爆炸的时代，老话所说"要给学生一滴水，教师要有一桶水"已不能适应时代发展的潮流。教育需要的是"要给学生一滴水，教师要有源源不断的源头活水"。这就需要教师不断学习，不断给自己充电，适应日新月异的信息时代。第一，向书本学习。一方面充分利用学校图书馆的图书资源，另一方面选购《陶行知教育思想》《陶行知教育文集》《苏霍姆林斯基选集》《苏霍姆林斯基给教师的建议》等教育丛书，通过大量查阅和学习，不断获取教育理念、教育方法，用理论知识充实自己，武装头脑。第二，向实践学习。教研组内教师的教学研讨实践活动是青年教师很好地向实践学习的机会。在日常工作中，青年教师要经常做到主动听师傅和同事的课，从他们的教学实践中学习课堂教学环节设计、新课导入、课堂生成的随机调控、课堂评价、学生学习动机、学习兴趣的激发、作业设计等教育教学经验，不断在自己的教学中加以实践。第三，向网络学习。网络学习是目前学习者获取知识的有效学习途径之一。青年教师要学会主动利用网络教育教学视频和文本资源进行相关学习。盛元小学2015年建成数字化校园，丰富了大量校本化教育教学视频、微课、教学设计等资源；2016年进入国家教育资源云平台，平台中拥有许多资源，这些都为青年教师提供了学习的广阔空间，方便青年教师学习借鉴和教学应用。第四，向校外学习。青年教师要珍惜学校安排的每一次外出学习、培训的机会，学习专家的教育理论，学习同行的教育教学实践经验，并认真反思总结，提高学习的效率。三是刻苦实践。"拳不离手，曲不离口。"只有不断立足课堂，把每节课作为实践的平台，才能熟能生巧。在日常工作中，青年教师要加强"三字一话一技能"练习，打牢基本；要将所学到的理念、教学技巧、教学方法反复在自己的课堂中练习，反复推敲，苦练各项教育教学技能，做到"打铁自身硬"。四是深入反思。反思是教师解决教育教学过程中存在的问题，促进教师专业成长的重要手段。因此，青年教师要做到"三反思"。第一，课前反思。课前反思许多人都不是很习惯，但课前反思能够很好地将问题解决在萌芽状态。尤其是青年教师一定要在进入教室前认真对自己备写的教案反思，对照课标把握重难点，对照班级学生分析预设的多样性，分析预设课堂的生成，分析问题的精准性等，尽可能预设周全，养成课前反思的良好习惯，减少课堂失误。第二，课中反思。坚持听师傅和同行的课，边听边反思他们的教学设计、教学方法和策略是否选择得当，教学重难点设置是否合理、是否得以突破，教学过程是否流畅，教学评价是否具有激励性等，取长补短，完善自己的课堂教学设计，从而不断提高自身的教学能力和课堂教学效果。第三，课后反思。利用信息技术手段，将自己的课堂教学实施实录，课后反复回放，结合自己的课堂教学实践，反思分析课堂教学中自己的教态、教学环节、教学评价、学生学习状况等满意和不足之处，进行自我诊断，或请师傅帮助共同诊断，进行二次复备。

五、展示竞赛是青年教师成长的平台

　　青年教师的成长，平台很关键。学校为青年教师搭建平台，就是为其创造快速成长的机会。对于刚入职或入职不久的青年教师，学校往往不放心，担心竞赛课、展示课不出成绩，所以不给他们提供锻炼的机会。正是因为青年教师缺乏高层次展示的平台，所以导致三五年内始终处于"庭院千里马""花盆参天松"的状态。为此，盛元小学充分利用信息化应用展示、教材分析展示、一师一优课、青年教师研讨课、课题研究阶段性汇报课、演讲比赛、三笔字竞赛、青年教师基本功大赛等，经过全方位、多角度的锤炼和雕琢，使青年教师在展示竞赛的平台上树立自信，找到自我，提升综合素养，增强工作能力。

　　总而言之，青年教师迈好教育生涯成长中的每一步都十分关键。青年教师只有始终做到心中有目标，勤学苦练，做到脑勤、腿勤、口勤、手勤，多思考、多请教、多实践、多反思，才能不断努力成长，使自己成为真正优秀的教师。

教育信息化为学校发展插上腾飞的翅膀

吴忠市盛元小学——路云

随着信息技术、大数据、云时代的到来,校长以"互联网+"的思维思考学校发展,成为校长领导力的必备能力之一。如何借力教育信息化推动一所由农村转型的城市学校快速发展,是校长借力发力办好一所学校的有力抓手。

吴忠市盛元小学以"建设数字化校园、实施幸福教育"为目标,确立信息化发展的"1234"基本方针,构建良好基础环境,实现四项深度融合,提升广大师生的信息素养和运用信息化服务教育教学的功能,提高教育质量,助推学校实现跨越式发展。

一、确立基本方针,引领发展方向

学校发展规划是学校发展的导向,更是引领学校信息化发展的方向。吴忠市盛元小学立足本校实际,制定了《吴忠市盛元小学信息化建设发展规划》,确定了学校信息化建设发展的"1234"基本方针,加快数字化校园建设,助推学校实现新跨越、新发展。

所谓"1",是指遵循一个核心理念:"幸福教育"。幸福教育是一种教育观念、教育追求和教育理想。盛元小学自建校以来,确立了"幸福教育"的办学理念,并以幸福环境、幸福课堂、幸福课程、幸福活动为载体进行育人。信息化建设是学校实现幸福教育的"助推器",这与《国家中长期教育改革和发展规划刚要(2011－2020年)》中关于"加快教育信息化进程"的要求是吻合的。在学校管理实践中,我们也感受到信息化教育工作有力地推动了学生的幸福成长、教师的幸福发展、学校幸福办学愿景的实现。

所谓"2",是指树立两个应用目标:提高学校管理效率、提高教育教学质量。信息技术应用于教育,弥补了传统教育的众多不足,改变了传统的知识存储、传播和提取方式,引起了教育新的变革。数字化、网络化和多媒体化的信息技术给现代教学带来了生机和活力。有效的资源共享与信息交流可以实现教师与学生彼此之间的交流沟通。交互式白板、平板电脑等能为学生提供图文并茂、丰富多彩的交互式人机界面,生动直观地展示原来无法直接展示的内容,而且具有交互性,摆脱了传统、被动的注入式的教学方式。这种教学模式易于激发学生的学习兴趣,为提高学校管理效率和教育教学质量提供了有利条件。

所谓"3",是指提出三个基本思路:应用驱动,机制创新,个性发展。信息技术在学校教育中应以应用为切入点、为目标,而不是以硬件为追求目标。有了明确的应用目标,按需应用才是关键所在。在应用的过程中,教师要用发展和提升的眼光,按照教育教学的目标要求以及学生的学习需要,抓住互联网的应用特点,进行应用设计。除此之外,应用还要贯穿在学校管理中、教与学的活动以及学生评价中,要不断提出新的应用,实现新的应用,这样才能不断创新机制,发展个性。

所谓"4",是指坚持四个原则:硬件为基础、资源为保障、应用为核心、效益为目标。2015年初,学校坚持硬件、软件同步建设,完成了云服务和大数据环境下的数字化校园建设工作。学校将有线网、无线网、监控网、广播网等多网合一,把视频、图片、文字等教育教学资源汇聚到云端,主要实现数据安全、高速传输、储存、互访等功能,形成了学校个性化的管理平台和资源平台。同时,为了使信息化能很好地服务于教育教学,学校经常性地组织全体教师进行信息技术培训,并邀请各级信息技术专家及学校信息技术人员对交互式电子白板、微课制作、导学案制作、学校资源平台的使用、建立QQ群、微信平台等内容进行全面培训,逐步提高教师信息化应用水平。

二、良好的基础环境是信息化应用的有力保障

第一，优化网络是提供信息服务的保障。学校教育网络化是实现教育现代化的一个重要手段，优质的网络环境是信息化应用的必要条件。为此，学校建设了数据、语音、视频"三网合一"的校园网，实现"万兆核心，千兆主干，百兆到桌面"，无线网络校园全覆盖，彻底为校园内部数据交换架起了高速公路。在优化网络环境的基础上，学校购置服务器，30TB大数据存储设备，同时利用大数据、云计算技术建成了云服务数据中心，并为学校在网络环境中进行教育教学、收集信息、处理学校校务等提供了强有力的保障。

第二，丰富资源是信息化应用的必要前提。开展信息化环境下的教育教学活动必须以丰富的资源为支撑。基础环境完善后，教师对学校数字化资源进行整理和优化，并建设数字化资源库。教师将比较零散的纸质资源，按教材和学科，将课件、教学设计、课堂实录、导学案、微课等资源进行汇总和管理，为师生及家长提供优质的资源服务。

第三，搭建平台实现资源开放式共享。信息化资源库为师生应用学校资源提供了一个窗口，除一般的检索、浏览、下载功能外，教师还将资源应用的触角延伸到学校各项工作过程中。学校搭建了数字校园应用支撑平台，该平台集成了管理、教学、教研、评价、德育、总务等各项应用系统；包含了资源平台、人人通平台、网上选课系统、组卷系统、教师评价系统、学生评价系统、视频共享系统等20个模块；提供了一站式服务，统一身份认证，对学校领导、教师、学生、家长等不同角色访问权限分层控制，实现了各项应用系统底层数据的共享与交流。

第四，多元化应用环境促使人人用。多元化应用环境能为师生提供自主学习、协作学习的空间，有利于学生探索新知和创新素养培养，并能充分发挥教师的主导作用。学校班班配备交互式电子白板，教师办公用机人手一台，配备50个平板建设智慧教室，建设两个60机位的多媒体网络教室，建设数字图书馆，建设一间三机位录播教室，并利用录播搭建了基于

网络的视频共享平台，实现了数字化教学终端"班班通"，网络教学环境"人人通"。

三、实现"四个融合"，推动学校全面发展

（一）与学校管理融合，实现教师团队管理现代化

信息化改变了教师团队的管理模式，由阶段性的纸质手写变为连续性的数字化管理。学校云服务平台上，依据教务、科研、总务、德育对教师团队的各项考核细则，要求学校管理者利用手机、平板、笔记本电脑、PC机等信息化终端，发布信息、日志、留言，对教师的平时工作实施教师团队过程性评价考核和自动汇集，形成教师个人和教师团队考核结果。学校采用"幸福储蓄卡"汇集存储教师及团队的幸福指数，系统自动反馈评价信息，方便快捷，展现了个性化评价的特色亮点，促进了教师之间的良性竞争和团队管理的提升发展。

（二）与教学教研融合，推动教学改革

第一，提高备课质量和效率。以往教师备课重复、机械，工作量繁重，信息化环境使教师备课彻底走向无纸化。教师随时随地进入备课系统，上传教学资源，调取资源，完成电子教案的共享，教学中教师只需要注解、复备，不仅节省了备课时间，提高了备课质量，还减轻了教师的工作量。

第二，改变教与学的的方式。从前课堂上教师一根粉笔、一本书，学生学习枯燥乏味。信息化环境下，教师探索"手机变展台""白板功能""APD 互动教学""作业推送及反馈""网络环境下的读书交流"等应用；学生充分利用学习终端自主合作、探究学习，课堂轻松、愉快，充满活力。这种教与学的新型教学模式营造了灵动课堂、互动课堂的和谐氛围，提高了师生的信息素养。

第三，改变学生成绩评测的方式。传统的质量分析，耗费大量人力物力。信息化环境下，系统自动对班级和学生的学业成绩进行统计分析，并通过曲线图、条形图、饼状图分析呈现学生的学业水平、发展趋势，从而帮助学校领导及课任教师掌握学情，调整教学行为。学生历次成绩，结合

德育评价系统，会自动生成学生综合素质评价。家长可以用手机App接收信息，及时了解学生的学业成绩。这样的成绩评价方式方便快捷、省时高效。

第四，改变教研方式。以往开展教研活动，教师必须聚集在一起，这对于边远教师很不方便。信息化环境下，由教务处或教研组发起研修主题，教师通过全自动录播系统现场展示课例，或回放录像课，同地、异地教师在规定时间内，发起远程在线视频、语音、评论，远程观课、议课、评课，互动交流研讨。这种网络协同教研的方式可以提升教师专业水平，促进教师共同发展。目前，学校每个教研组的教师每周与教研共同体教师开展一次网络协同教研活动，与华东师范大学的专家每月交流一次校本化习作教学的进展情况。

第五，改变学习方式。教育信息化彻底改变了传统以书本学习为主的单一方式。教师、学生、家长通过学校资源平台提供的微课、导学案、电子图书、教学视频等学习资源，利用手机APP端，不受时间和空间的限制，随时随地实施在线学习、评议、反思和交流。建立起人机交互的学习方式，使学生的学习方式由被动学习变为主动学习，由集中学习变为个性化学习，由填鸭式学习变为探究式学习，鼓励学生自主探究，掌握学习方法，学会学习。

（三）与德育融合，提高德育实效

第一，充分利用校园视频共享系统，夯实学生习惯养成教育。学校数据中心有50多个监控屏幕用来记录校园的每个角落，既保障了校园安全，也为政教处、班主任开展校园文明礼仪教育活动提供了第一手原始资料。政教处、班主任及科任教师有效利用校园、楼道走廊、操场等场所，关于师生安全、文明礼仪、行为习惯的监控视频，通过班会课对学生加强习惯养成教育，增强学生的自律意识。自从有了监控视频，学生的行为在一天天发生变化：校园里做好事的多了，外置图书架阅读的同学多了、上下楼梯遵守秩序的多了，见了教师和同学问好的多了，课间文明游戏的多了，浏览校园智慧图书馆的多了……

第二，基于网络的"德育e化"评价，让德育充满活力。静态的德育评价对于内化学生的行为起不到积极的促进作用。学校以"盛元小学学生幸福成长评价细则"为依据，充分运用数字化校园评价系统进行动态的"德育 e 化"评价，落实"四自教育"目标。打通学籍管理通道，统一学生身份认证，将学生的良好习惯养成、综合素质、学业成绩、学生成长记录等，通过个人空间进行记录、展示，系统将会自动生成学生个人幸福指数，并会用"幸福树"的形式直观形象地记录学生茁壮成长的动态过程，让学生感受成功的喜悦，享受成长的幸福。这样评价快捷方便，为德育注入新的活力，使德育工作更加高效。如四年级六班学生谭某，他热爱学校、热爱班级、热爱同学，平时在校园里见到纸屑杂物就随手捡起扔进垃圾桶，见到教师习惯问好，主动帮助同学，他的这些好的做法被许多教师和同学看在眼里、记在心上。班主任把他的一个个行动用手机拍摄下来，上传到校园网"德育 e 化"系统，大部分教师和学生都为他点赞。其他家长看到后，高兴地说："学校这样的教育方式比给孩子说多少空洞的话都起作用，太好了！"

（四）与学校特色融合，为孩子的幸福人生奠基

学校搭乘信息化快车，深入推进书法、空竹办学特色，建成了藏有10万套图书的智慧图书馆；教师制作微视频，上传名家书法、空竹教学视频，丰富教学资源。教师、学生、家长利用各种信息化终端，随时随地在线浏览、欣赏、阅读各类电子图书，提高学习效率。学校将校园平台中的"校园书法长廊""空竹达人秀"等展示活动制作成二维码，方便师生、家长在校园网站分享学生的练习和快乐成长的过程。学校通过"环境熏陶、实际训练、视频传播、活动体验"等举措，围绕特色开展丰富多彩的活动，提高了孩子们自主、自立、自信、自律的思想意识和实践能力，为孩子的幸福人生打下坚实的基础。

教育信息化给学校高速发展、优质发展、跨越发展提供了原动力。当下乃至将来，学校始终本着应用促发展的原则，探索信息化与学校各项工作的融合之路。教师将不断从中获取促进学校发展的能量，使数字化校园建设成为学校资源优化配置的新动力，成为深化学校管理的新引擎，成为教师专业发展的新平台，成为课堂教学改革的新领域，成为德育教育的新

渠道，成为传播现代教育理念的新载体。

参考文献：

[1] 张杰夫.互联网＋给教育带来五大革命性影响[J].人民教育，2015（13）：72-75.

[2] 崔志钰.走向多元共治"互联网＋课堂"的教学变革[J].中小学管理，2016（7）：11-13.

[3] 吴希福.基于"云技术"应用的课程创新[J].中小学管理，2016（10）：11-13.

基于核心素养的"减负增效"：问题、途径、方式及基本经验

2017 年 4 月 4 日

前不久正式发布的《中国学生发展核心素养》共推出了六个方面十八条素养。什么是核心素养呢？简要地可概括为以下"三个力"：

一是体现创造性思维的高端认知力；

二是体现促进成长助力发展的自我调控力；

三是体现适应社会融入社会的合作沟通力。

而我们的教育，无论是目的还是手段，与核心素养的"三个力"要求还有许多不甚合拍、契合的地方。

与培育学生核心素养不合拍甚至相悖的教育，也有人称之为问题教育，它主要表现在以下三个方面：

一是把学生当作知识的容器——灌输式教育导致学生能力下降；

二是把考试作为学习的目的，机械训练导致学生创新意识不强；

三是重智轻德，导致学生意志弱化心理脆弱。

以上所有的一切都转化成了一个常常被有识之士批评的现象，学生的学习负担不断加重，学生的学习能力与核心素养则未见提高。

我们学校从三年前就开始探索"减负增效，优质高效，努力提升办学品质"的方法与途径。我们让老师们讨论：既要把学生的学习负担减下来，也要把教育质量真正地提上去。这看来是一个对立的矛盾体，如何才能让它们由对立的矛盾体成为矛盾的统一体，我们鼓励所有老师既开动脑筋建言献策，又敢为人先大胆试验，在课堂与教学实践中敢于尝试各种"减负

增效"的新方法。比如取消低年级学生的书面作业，但并不等于完全没有作业。老师们创新作业方式，特别是一些年轻教师，他们充分利用互联网的优势，利用 QQ 软件和微信平台，让学生在兴趣盎然中完成作业，同时，老师则突破时空限制，与学生在线上实现空中师生互动式批阅作业，在批阅中指导学生学习，还与学生交流思想与情感。再如，我们确定每周三为无作业日，即在周三这一天，所有年级的学生都没有作业，把所有的课余时间都留给孩子做自己喜欢做的事。作业量减下来，负担减下来了，令人担心的事会不会发生呢？特别是令家长最担心的事会不会发生呢？不会！事实上也没有发生——学生的学业成绩不但没有下降，而且有了普遍的提高。学生的学业水平提高了，教师的专业素养也同样得到了提高。2016 年，学校就获得了"一师一优课，一课一名师"活动自治区、吴忠市优秀组织单位，四名教师还获得了部级优课。在"减负增效"中以"智慧课堂"为标志的学校高效课堂形态已基本形成，学校通过"减负增效"、优质高效的各项措施落实，大面积地提高了教学质量，全方位地提升了学校的办学品质。

基于学生核心素养的课堂文化培育

吴忠市盛元小学——路云

2017 年 6 月 20 日

课堂文化是发生在课堂教学过程中的规范、价值观念、思维观念和行为方式的整合体，是校园文化的主要组成部分。前不久正式发布的《中国学生发展核心素养》共推出了六个方面十八条素养。那么，如何基于学生核心素养培育课堂文化，让缺乏核心素养指向的苍白无力的教学，成为学生生命个体融汇情、理、智、趣的营养，我觉得可从以下几个方面加以培育。

一、构建课程文化体系

课程文化体系是课堂文化形成的准绳。课程体系的整体构建，顶层设计，是学校通过以学为本的校本课程开发建设，构建"教师幸福地教、学生快乐地学"的多元化课程，逐步形成有利于学生全面发展、个性化成长的课程体系、课堂文化的关键。为此，一方面围绕国家基础性课程的落实，坚持开足、开齐课程，体现"充分用好教材教又不拘泥于教教材"的基本思想，根据内容不同设立长短课，既落实国家规定的基础性课程内容和要求，同时又创造性地使用教材。另一方面开发设置"体育活动类""艺术与审美素养类""文学欣赏类""科学探究类""社会实践类"五大类，52 项综合类校本课程，找准课程中学生核心素养的培养点，根据学校发展的总体趋势，结合学校资源优势，整体设计，分部推进，采取以点带面，滚动扩展，总结提炼，整体推进的方式，力求在两至三个办学周期中，逐步形成全体师生共同认同的办学理念、价值观念、思维观念和行为方式，逐步形成共同坚守的教学行为。

二、培育"以生为本"的课堂文化

"以生为本""以学生为主体"的理念，绝大多数教师耳熟能详，但是不少课堂的现状仍然是教师的"教"把学生"学"的积极性、主动性、创造性遮蔽与掩盖了。真正的课堂，教师最好的角色是作为学生学习的促进者，是将学生摆在首位，以学定教，生成的教学相长的课堂。

第一，学生是课堂的中心——心中有学生，课堂有活力。

"以生为本"的课堂，实际上是体现学生自主、灵动的课堂。任何成长都要依赖于生命个体自身"内在的火焰"，通过自我的学习，才能成就自我。任何外在的知识、经验、精神、思想都无法走入学生的心灵深处。只有学生自主激发学习的兴趣，探索学习的方法，经历自学的过程，体验学习的艰难与快乐，才能让一切所学习的知识和技能转化为性格、精神和素养。教师心中时刻装有学生，营造一个学生举手不断，眼珠直转，思维活跃，充满朝气的灵动课堂，打破目光呆滞，暮气大于朝气的课堂，才是真正"以学生为中心"的课堂。

第二，每个学生都是整个学校——有爱才有教育。

"教育根植于爱。"怎样才能从根本做到心中装有每个学生？平等地对待每一个学生、真诚地关心每一个学生，相信每一个学生都能成为对国家有用的人，把真诚与爱心真真切切地献给学生，把每一个学生都视为整个学校，让学生感到温暖与愉快，这是课堂文化、课堂教学成败之根本。在学校，老师不会随便说出一句有可能对孩子自尊心形成伤害的话。比如说："这么简单的题目你都不会做？""别人都懂，就你听不懂？""你的成绩全班垫底"等。我们的老师要用放大镜去发现学生的优点和特点，让学生有自尊有自信，这也是习总书记对一个好教师的明确要求，即一个好教师一定要有"仁爱之心"。

第三，学生主体的有效落实——没有兴趣就没有学习。

中国教育学会名誉会长顾明远说过，我们现在教育的很大弊端就是被学习、被教育，而不是自愿地学习，自愿地接受教育，学生没有学习的兴趣。

怎样才能让孩子有学习的兴趣呢？每天的课堂是孩子学习的主阵地，但如果老师上课不科学、不生动、不形象，学生就不爱听。我们学校为什么要提出"智慧灵动课堂"，就是要让每天的课堂充满灵动，让孩子在课堂上尽可能地保持智力振奋的状态，生动、灵动的课堂学生就不会感到有负担。

叶圣陶说过，教育者最好要把自己的教育意识隐藏起来，不要让孩子感觉到你在有目的地教他，这当然同样需要老师的教育智慧。所以上海老一辈著名教育家吕型伟才会说：教育是科学，教育也是艺术。

再如对作业的布置，老师们要通过提高作业的自身的质量达到有效教学的目的。作业的设计要有原创性，要有创意性。有创意的作业往往能激发学生的兴趣，更能提高学生的学习效能。

为了提高不同学生对学习的不同兴趣，学校要重视课程能力的建设。要通过课程能力的建设，为不同的学生提供不同的、可供选择的选修课程。同时，要重视对学生学习志向的激发，一个真正有志向的学生才有可能真正形成以后学业与人生事业发展的高峰。

第四，"让我参与其中"——学生成长于丰富多彩的活动中。

美国宾夕法尼亚大学校长艾米·古特曼博士在中国演讲时引用该校创办人本杰明·富兰克林的话："告诉我，我会忘记；演示给我，我会记住；让我参与其中，我会学会。"小学教育课堂教学让学生参与的最好途径是创设各种各样丰富多彩的活动，这也是我们学校培育课堂文化的一条重要途径。学校的各种社团活动，如柔力球、书法、烙烫画、美文诗歌诵读，还有书法舞蹈等都是孩子们的最爱。学校的综合实践活动，经过三年的持续努力，已形成系列与课程。而校园文化节、空竹节、书法节及书信活动等，都受到了同学们的欢迎。实践证明，丰富多彩的活动，一是提高了孩子们的综合能力；二是增强了孩子们的学习信心；三是愉悦了孩子的身心；四是不断提高学生的核心素养。

三、培育深度学习的课堂

深度学习指的是一种全身心融入、经历思维探索过程、获得深度体验的生命化的深刻的学习。深度学习的"深"表现在：在学习态度上"执着情深"，在学习方法上"深有体悟"，学习的过程"静水流深"，学习的收获是"意味深长"。深度学习不仅学习知识，而且学习知识背后的方法、思维方式、价值观、文化等，是指向能力及素养的学习。在具体教学中，不少教师强调按部就班完成学习任务，而深度学习则是强调学习的深入、深刻、深长、深远。课堂教学中教师要围绕学法策略中心，努力实现从"教会知识"转向"教会学习"。

四、培育"互动"课堂

课堂文化的构建倡导从"单项型教学"向"多项型教学"的转变，力图实现教师、学生、文本三者之间的互动。目前，教师享有话语霸权、学生在课堂上失语的现象依然存在。这样不利于培养学生的自主学习，更不利于形成课堂文化。在构建课堂文化，发挥学生的主体作用方面，需要我们教师关注三个"互动"。一是师生互动；二是生生互动；三是教师、学生、文本之间的互动，三者之间形成一个完整的沟通过程。教师要善于挖掘对话中的新意，自觉地创造条件，创造生成性的教学，构建课堂"沟通文化"。

总之，文化需要长期积淀，课堂文化也不例外，需要我们在教学实践中不断探索，形成教师课堂教学自觉的、独特的、个性化的教学风格，形成共同教学艺术追求。

"轻负高质"与"有效教学"的关系及实施的基本策略

2017 年 3 月 10 日思悟于吴忠市盛元小学

在教学研究过程中，我们经常会听到"轻负高质""有效教学"等词汇。那么"轻负高质"与"有效教学"之间究竟是什么关系呢？这是需要认真思考的。

首先，它们是有密切关联的。一从背景看，它们的起因是相似的，之所以要提"轻负高质"，是因为负担太重而质量下降，之所以要提"有效教学"，是因为不少的课堂教学是低效甚至是无效的。而这些问题背后的根源是相通的，都是由于教育思想不端正，片面追求应试教育，只关注知识积累而忽视能力发展所致。二从内涵看，它们的实质是相通的，"轻负高质"倡导的是轻负担高质量，而"有效"强调的三效，即单位时间获得的知识技能的效率、较少投入与较大产出的效能、学生三维目标整体达成的效益，其中的效能、效益的观念和"轻负高质"的思想是一脉相承的。三从作用看，强调"轻负高质"与"有效教学"并加以具体实施，必然能够有效助推课堂教学的转型。

其次，它们之间有着一定的区别。一从范畴看，"轻负高质"是学生的一种状态，虽然也能折射出学校的教学文化，但直接反映出的是学生的认知感受与效果，它是超然于教学范畴的，而"有效教学"这一概念主要属于教学范畴，专指教师如何根据课程标准、学生学情、资源条件进行有的放矢、卓有成效的课堂教学。二从因果关系看，可以把"有效教学"看作手段，把"轻负高质"看作目的，也就是说，因为只有教得有效，所以才能走向"轻负高质"，从"生本教育"的思想出发，应该把学生的达成状态视为追求的目标。三从事物的相互矛盾性上看，两者既联系又矛盾，有效教学三效的内涵中，效率与负担往往会产生一定的冲突，如果不能辩证地处理好两者关系，就会出现"打着'有效教学'旗号，却加重学生负担"的倾向，这是必须加以关注的问题。

那么如何处理好它们的关系，并在教学实践中加以实施呢？结合学习的体会与学校的做法，我汇报以下"三优化"的体会：

一是优化备课设计，真正落实"备课标、备教材、备学生、备方法"。

教学是一项有目的、有计划的活动，因此教师在活动之前必须要先备好课。优化备课更是实现教学"轻负高质"目的的必备前提和基础。

第一，"备课标"。研析课标的内容，深刻理解课标的要求，并以此为基本依据制定教学的目标，同时把标准转化为检验教学是否合格的评价标准。例如，语文课需要篇篇都教吗？所要教的课文都需要精雕细琢吗？根据课标就可以在明确单元目标的前提下对篇目进行适当调整与取舍，同时对所要教学的课文确定其重点与主攻方向。如果不加分析，每一个内容都讲，势必会加重学生负担。所以，在新课标下，教师必须学会浓缩教学内容，突出重点和难点，在课堂内少讲、精讲而让学生多思多练，促使学生把所学的内容融入自己的认知结构中，并对知识有新的领悟，能在新的问题情景中将知识转化为解决问题的模式，或者能将已有的解决问题的模式进行变更，创造新的解决问题的模式。

第二，"备教材"。熟读教材，明确教材相互之间的关联，明确课文中知识的逻辑关联，从而将知识进行有效整合与梳理，真正达到"轻负高质"的目的。在对教材的研究和处理中，可以采用"5W1H"的方法，来培养学生对问题的分析研究并解决的能力。例如，在"浮力"一课备课时，可以归纳为：why——为什么有浮力现象？为什么要研究浮力？What——有哪些物质会浮在水面上？Where——浮力表现在哪些场合？（浅水与深水、低密度水与高密度水）When——观察某些物体不同时段里的浮力表现。

Who——浮力研究对象是谁？How——浮力主要和哪些因素有关，这些因素是如何作用于物体产生浮力的？通过"5W1H"的教材处理方法，"浮力"一课的教案就呼之欲出了，也就抓住了浮力知识中的重点，学生知道了为什么而学、如何学，学得兴趣盎然，轻松愉快。

第三，"备学生"。教师要了解学生的求知需求、学习兴趣、已有基础、认知规律、思维习惯，并以此为基础设定教学目标，选择与之相匹配的教学活动。这也是实施"轻负高质"教学目标的必要条件。如果对学生不了解，学生明明已经懂的问题，你还在滔滔不绝，岂不是无效行为？课堂内重复的习题反复操练，缺乏针对性，岂不加重学生不必要的负担？

第四，"备方法"。整理并比较能想到的每一种教学方法，根据教材特点和学生的情况，采用灵活多变的教学方法和手段，对于实现"轻负高质"的有效教学是至关重要的。广义的教学方法还包括教学艺术、教学技术，它们是影响教学效率的重要因素，好的方法能够让学生迎刃而解，豁然开朗，避免走弯路、入陷阱。好的方法不是靠备课预设的，而主要应该在课堂中灵活掌握、见机行事、随机应变。好的方法还要在不同的课型中有所不同，我校这几年在新课、复习课、讲评课、实验课等课堂中，注意运用不同的方法，取得良好效果。

二是优化教学过程，采用"三步五环"的教学模式。

教学模式既是不必要的，但也是很重要的。在学校教学没有走出传统教学围困的情况下，制定体现先进理念的教学模式，对教师能够起到一定的引导与规约的作用。一般的过程是，从建模到变模，从变模到脱模，即规范到典范，从典范到风范。因为学生不同、学科不同，所以要对统一模式进行适当调整，这样就能对学科教学发挥典范性的引领作用。如果教师的理念转变带动了自身个性化的提升，那么原先约束的模式就显得不那么重要了，取而代之的是每个老师的智慧闪耀与风格展现。

近几年来，我校为了实施"有效教学"，达到"轻负高质"目的，总结了"三步五环"的教学模式。"三步"即试学（尝试性学习增强自学能力）、研学（研究性学习培养探究精神）、拓学（拓展性学习开阔认知视野）。"五

思 旅

环"即五个没有明确先后程序的环节。这五环归结为五个字：

第一，"导"。导是为了指方向、明目标，导是为了铺道路、搭阶梯，导是为了诱动机、激兴趣。导的手段可以多样化：微课、视频、图像、故事、实验、游戏、表演等。导是点拨，导是点石成金的艺术，但不能喧宾夺主，不能冗长繁复。导不能简单视作一个环节，"导而弗牵"是基本教学策略，应贯穿于教学始终。

第二，"读"。读是提高自学能力的重要途径，读是参与学习活动的主要方式，读是积极思维、探索问题的起源。读包括：泛读、精读、研读、默读、朗读等。读要提出具体要求，读要给予一定时间，读要过程指导，读要发现问题，读要师生交流，读后要作出评论。学生的阅读能力如果得到长足的进步，他们的学习就不会显得很累，学习的品质也会得以提升。

第三，"讲"。讲是为了梳理要点、关联知识，讲是为了深化阅读、理解知识，讲是为了举一反三、迁移知识。讲可以是精讲、略讲。作为一种表述，它包括：描述、概述、阐述以及复述。教师要把握时机讲，要针对问题讲，要结合多种方式讲，要生动形象地讲，要让学生讲。充分地让学生做小老师，充分地让学生发表见解，有利于学生合作学习。"众人拾柴火焰高"，实践证明，学生之间的互助协同有助于大大减轻学习的压力与负担。

第四，"做"。做是指"做中学"，是对以实践性较强的方式进行学习的一种概括。"做中学"更加有利于焕发学生的生命活力，能够将思维活化与升化，做中学是课堂转型的一道亮丽的风景线。做往往是通过各种活动体现出来，包括阅读、视听、演示、实验、观察、计算、练习、设计、讨论、演讲、编辑、游戏、表演、操作、动作等，"做中学"容易使学生兴奋起来，而不觉得累。

第五，"评"。评是教学目标达成的必然诉求，评是鼓励学生认知发展的重要手段，评是促进教师教学反思的一面明镜。评要注意鼓励性评价与指导性评价相结合；过程性评价与结果性评价相结合；观察性评价与反馈性评价相结合；学生自评与生生互评相结合。

在上海华东师大专家的指导下，我校认真开展校本教研活动，课堂教学转型有了明显起色，具体表现为，教师"善导"，学生"乐学"，效能有所增强，效益逐渐提高。

三是优化监控机制，切实把好"轻负高质"的教学关。

第一，五方联动，形成监控队伍。可以从学校领导、年级部、任课教师、学生、家长等层面选出代表组成监督小组，经常性地了解"轻负高质"的达成情况，发现问题，及时研究，迅速改进。

第二，抽检作业，严控训练份量。作业是加重学生负担的"重灾区"，要从回家作业的数量与难度入手，减轻学生不必要的学习负担，保证他们的身心健康。

第三，分析学情，提高教学质量。在减负的同时要促进质量的提升，因此要定期对学生的学习状态进行调查，包括参与态度、学习兴趣、自学能力、阅读习惯、思维方式等，对学生掌握知识与技能的情况及时进行数据分析，从而促进学生学习质量的大面积提高。

在教学过程中，我们还会遇到许多新的问题，需要我们去研究、去解决。"有效教学"永远在路上，而"轻负高质"永远是我们的努力目标！

核心素养与教育智慧

吴忠市盛元小学——路云　2017年6月10日

在新一轮教育改革中，国家教育部强调核心素养。核心素养也是当下教育的一个热词。何为核心素养呢？简言之，就是面对问题并解决问题的一种深度能力。这种深度能力是在基本能力的基础上经过整合、叠加和拓展而形成，因此，从根本上看，核心素养体现的是人的某种综合品质。

培养孩子的核心素养，离不开教育的智慧和智慧的教育。智慧教育与核心素养一样，是大家耳熟能详的一个热词。智慧教育流行开来与大数据时代、与互联网普及有关，社会上流行的，包括智慧城市、智慧校园在内的"智慧"二字均与信息化密不可分，它是现代技术与相关行业、专业内容不断融合过程中形成的一个概念。我在这儿所讲的智慧教育更多的是教育的智慧。因此，我在这儿所阐述的观点是：学生核心素养的培养更多的要靠教学与教育的智慧。

关于核心素养的概念专家已有不少经典表述，我想联系教育教学的实际，从三个层面说说核心素养与教育智慧的关系。

第一，学生的核心素养当表现为从"学会"到"会学"。

教育的智慧要求教师不仅仅是知识的灌输，更看重的是学习方法的掌握，掌握方法比学得知识更重要。授人以鱼不如授人以渔。正确的学习方法常常表现为触类旁通，融会贯通，无师自通。此"三通"的最高境界就是无师自通。无师自通也是叶圣陶的一个重要教育思想，教是为了不教。如何才能做到教是为了不教呢？我们还是从学业水平这个角度说。当下都在谴责批评应试教育，也有人说考试好不等于能力强，但考试作为选拔人才的重要手段，我们不能完全否定它的作用。考试好的"学霸"级学生至少能在一定程度上反映他的学习能力。事实上，很多考上北大、清华等名校的学霸级学生，他们无不以掌握科学的学习方法为前提，无论是老师课堂上讲的，还是书本上有的，掌握学习方法的学生一般都学得比较轻松自如，效果也会比较明显。而那些不懂得方法，只会死读书的人，学业成绩一般不会很理想。如果说，这个事实存在，这个逻辑正确，那么，学校、教师在教育教学的过程中就要更加注重学生的会学。如果说学会是知识的层面，会学则是能力的层面了。而能力则是核心素养形成的必要条件。

如何让学生会学呢？即如何通过培养学生分析问题和解决问题的能力，进而让学生具备核心素养呢？从教育智慧的视角上看，学校及教育工作者具有很大的实践与研究的空间。如江苏省有一位数学特级教师叫邱学华，他的"尝试教学法"就是让学生会学的教学法。"尝试教学法"作为国家与省教研成果一等奖，它既是教学智慧的充分体现，也为智慧教育增添了又一具有说服力的实践元素。还有以玛扎诺"有效教学"理论为引领的"先学后教，以学定教"教学法，也是践行教育智慧的典型。该教学法重在通过挖掘学生自身的潜能让学生能动地去学习，能动学习的结果便是会学。

第二，学生的核心素养当表现为由现象到本质的兴趣探索、由当下到长远的志向激发。而教育的智慧要求教育工作者透过现象看本质，立足当下看长远。

我们国家在十三五规划中，强调创新型社会的建设，创新当然离不开智慧。智慧教育的一大优势应该是有利于培养学生的创新能力。创新与智慧是一对孪生兄弟。著名科学家、诺贝尔物理学奖获得者李政道说：创新要从学生时代培养起，创新源于问题，始于质疑。会提问题，善于质疑的学生往往隐藏着巨大的创新潜能，老师要通过智慧教育助力学生激发创新潜能，着力点就是发现学生的创新潜能，激发学生的学习兴奋点，聚集学生的发展兴趣点，让学生养成善于透过现象看本质（多问一步，多想一步，多做一步）的好习惯，让学生在学习中形成自己的志趣——学习绝不仅仅是应付眼前的考试，学习能力与学习习惯是一个人一生的素养。一个人真

思 旅

正的成功是对知识的永远渴求与对事物的永远好奇。

智慧的教育与其说是方法，是手段，不如说是观念，是思想。仅仅停留于方法与手段的层面，还形成不了真正的核心素养。如校本课程的开发，是培养学生核心素养与创新能力的一个重要途径，但对这个问题的认识并不一致，甚至老师中也有人认为开设校本课程对学生的正常学习会有影响，甚至有人还担忧影响考试，而真正有品质的学校，一定是课程建设非常有特色的学校。为学生开设更多更有质量的包括校本课程在内的选修课程，这样可以让学生有更多的选择。盛元小学成立于2009年，建校时间短，但一直以来，学校坚持"幸福课程"体系的构建和完善，不断地开发与研究，克服了许多困难，先后开发了包括核雕、科技、书法、诗歌在内的四十多门校本选修课程，其目标是带动学生综合素质的提高，带动学生核心素养的提升。实践证明，选修课程让学生的创新能力，特别是动脑、动手能力明显增强。观念变了，思路与措施跟上了，学生发展的平台舞台也就更大了。善于透过现象看本质，这是认知事物的好方法；不但能看到当下，而且能看到长远，这是素养形成的蓄水池。智慧的教育与教学的智慧，本质上就是把师生的创造创新的潜能激发出来，把学生对知识的渴求激发出来，把师生教与学的活力释放出来。至此，这便是智慧教育更高级的形态了。

第三，学生的核心素养当表现为理想信念、情怀担当，而教育的智慧往往隐含着孔子的中庸、老子的无为、庄子的逍遥，甚至是佛学的"忘我"之大智慧。

当我们多方论证，甚至喋喋不休于核心素养之标准定义甚至标准答案的时候，不可或忘学习的目的不是求学问之本身，而是学做人之根本。即大哲学家冯友兰所言，教育的哲学就是让人成为人，而不是仅仅成为某种人。这就是素养之最高境界了，即人之所以为人，除了物质的，还有精神的；除了生活的，还有心灵的。恰如当下有一句流行语，叫"生活不止眼前的苟且，还有诗和远方的田野"。这诗和远方，就是精神追求与心灵的纯静之含义。所以，我们讲智慧教育，它归根结底是对生命意义的追问和生命价值的叩问。即使对小学生，这样的追问与叩问也可以通过智慧教育来实现。恰如民国教材小学一年级的一篇课文，全文一共才四行字："三只羊在吃草，一只羊也吃草。一只羊不吃草，它看着花。"这是一年级教材中的课文，教材编写者用心至极的是想通过形象、浅显的内容与语言给孩子以生命意义与人生价值的引导教育。难道不是吗？那只不吃草看着花的羊便是"诗和远方的田野"，它告诉我们生命中的一个朴素真理是：人是有精神需求的，恰如法国浪漫主义诗人诺瓦利斯所说："怀着一种乡愁的冲动到处去寻找家园，家园就是人的心灵。"

至此，我们可以这样来理解，智慧的教育与教育的智慧，能从根本上提高学生的核心素养。核心素养也好，智慧教育也好，原来教育就是用来帮助学生生长生命的。教育真正的智慧就体现于生命的生长之中。考试啊、读书啊、做学问啊，都是为生命生长服务的，切不可本末倒置。怎样通过教育锤炼出一个超越自我的"忘我"心灵世界，这便是大智慧了。

学生成长的阶梯　教师成功的基石

——对随笔化写作的实践与认识

要办好一所学校，最关键的因素有两点，一是，要回归教育本质，真正发挥学校的功能去培养人；二是，要真正促进教师的发展，其核心是专业发展。这一观点很好地诠释了"学生的成长是教师的成功，教师的成功是学校的发展，学校的发展是教育的成功"的教育理念。课改十余年，历经风雨沧桑。盛元小学乃沧海一粟，在汹涌澎湃的课改浪潮中飘忽不定，有搏击，有创伤，有痛苦，有欢乐，有汗水，有笑声，有失败，有成功，然而更多的仍是坚持不懈地前行。

曾经，我们在课改的大风大浪中随波逐流，摸着石头过河，没有目标，迷失方向，一度陷入困境。2009年，吴忠教研室组织教师全员开展教材教法达标活动，很好地解决了教师教什么，怎么教的问题，很好地解决了把握教材和课程改革之间的矛盾。在反复思索、反复实践中，我们从课改的理念与实践的碰撞中悟出了一些教育思想："教育就是通过各种活动促进人的精神生命成长""教育就是要以人为本""教育就是要为幸福人生而奋斗""教育就是要以学生表现为本位"等。有人曾经形容课改就是"心灵的战斗"，我们颇有体会。

语文课程改革可谓课改一大风景，浓墨重彩地记入了盛元小学的教育史，这场波澜壮阔的改革荡涤着盛元小学的每一位教师。在课改和教材教法研修浪潮中，盛元小学的教师在识字教学、阅读教学、作文教学、口语交际教学等方面遵循课标独辟蹊径，探索适合学生成长和教师专业发展之路。尤其在作文教学研究方面成效显著。随笔化写作进入了语文教学的殿堂，成为寻找语文作文教学的独特灵魂，为语文课堂教学注入了新鲜血液，成为撬动整个语文作文教学的有力杠杆，为实现"写作源于生活"的教育思想奠定了基础。

在实践——总结——再实践——再总结的基础上，我们认识了随笔化写作。随笔化写作，即随机而写，随意而作，是一种自然而然的写作，是率性而为的写作，也是最本真的思想记录和感情抒发。它是一种以随笔为主要方式的生命化写作教学体系，顺应学生的言语生命成长规律，以激发写作兴趣、养成良好的写作习惯、提高书面表达能力、丰富和发展言语生命、培养健全的言语人格为目标，以"写作源于生活"为基本理念，以"言语生命动力学""全语言教育观"为理论基础。随笔化写作记录的主体是对生活的观察、感受、思考、想象，也是对生活的反映，对活动的再现，对情感的流露，这方面与课标对作文的要求两者是相通的。在教学实践中，我们以随时随地、随形随意的日记随笔和读书随笔为日常写作方式，以情境随笔课、随笔展示课、随笔读悟课、随笔评议课、随笔成文课为主要课型，以顺应、养护、培植、激励、唤醒、磨砺为着力点，先写后导，先写后读，为写择读，以写促读，读写互动，重在自悟。在日常随意写和课上有序改的有机结合中，实现写作素材的生活化、情景化、真实化，架起随笔化作文的桥梁，最大限度地激发和释放人的写作潜能，实现真切、自信、个性、畅快的表达，即"真情实感"。这么好的东西我们不舍得丢弃，努力在反思中谋求突破，在借鉴中寻求创新，意在引学生写作的一洼源头活水，汇集成河奔流不息。

研究实践中，随笔化写作犹如一股春风吹进了语文课堂，吹活了作文教学，犹如汩汩清泉缓缓流入师生心田，犹如阳光雨露轻轻滋润着作文教学。

随笔化写作，改变了师生关系，使课改新理念自主、合作、探究、讨论的师生关系得到了诠释，真正落实了教师主导、学生主体的双向地位，体现了教师是教学的引导者、组织者、合作者的角色，确定了学生是主宰课堂的学习者、活动者、写作者。

随笔化写作，解决了长期以来作文难、难作文，作文教学低效、无效甚至负效的问题，实现写得愉快，教得轻松，读得顺口，评得满意，让语文教师看到了作文教学的曙光。

随笔化写作，对学生而言，其实是我口说我心，我手写我心的真实写照。二（4）班马艺畅同学在其习作《玩具总动员》开头写到：我们班举行了"玩具总动员活动"。同学们带来了各种各样自己喜欢的玩具，还有很多老师一起来参加我们的活动。结尾写到：今天，我们似乎走进了玩具的王国，快乐无比！开头、结尾读后易感"真实"。三（2）班崔田田同学的习作《嗑瓜子比赛》，小作者这样记叙写到：来到整洁的校园，走进干净的教室，上课了，很多我们喜欢的老师都来听课，我兴奋得不得了。老师说要送给我们小小的礼物，原来是瓜子呀！老师说是要有规则的，我们快要等不及了。听完规则，老师那一声口哨，让我们快速地嗑了起来，真好吃！不过千万不要忘了那重要的比赛。老师的计时结束了，有的同学嗑了7个，有的同学嗑了8个……不过，老师只选嗑得最多的人来代表四人小组去挑战决赛。最后，还是我们这一组胜利了，满帅嗑了10个。太好了！我真为他感到高兴。从记叙中清晰可见比赛活动的过程。六（2）班吴美怡同学的习作《爱的泪水》中开头一段话是这样写的：在记忆的河流中，有个人，她为你担忧，为你喜悦。她时刻操心着你的温饱冷暖。或许有些人因为不善于观察而感觉不到，或许有些人认为那是天经地义的……可是，我不认为这人可以时有时无，因为我刻骨铭心地记忆着那件事。这样的开头从现象剖析到饱含深情，情真意切。随笔化教学在教师精心策划中，学生作文不再空洞，情境真实，学生活动无拘无束，细节清晰入目，过程触目惊心，学生写作兴趣高涨。每每随笔化写作课上，随处可见学生天真童稚的笑脸，活泼洒脱的活动身影，挥洒自如的写作场景，自信自豪的交流合作。情境中、阅读中、活动中、玩耍中、合作中、修改中、体验中、交流中孩子们心中有真情、便会舌底泛莲花。学生不再讨厌作文，变得喜欢写作，甚至是欲罢不能，由"要我写"变成了"我要写"，作文水平不断提高。

兴趣是最好的老师。托尔斯泰说过："成功的教学所需要的不是强制，而是激发学生的兴趣。"学生对随笔化的喜爱，使他们的脑袋不再僵化，思维灵活，作文思路宽广。作文内容由"假大空"变成了对生活的真实记录，对情景的生动描述，对真情的自然吐露，对体验的随意叙述，让学生写作真正回归本源，为学生的成长架设阶梯。

随笔化写作，促进教师专业发展，成为教师成功的基石。自从认识了随笔化，教师们不再抱怨作文难教，不再痛恨学生不会写。在课堂上师生同写，共同经历，共同体验写作过程。师生共同作文，学生可以从老师的文章中汲取营养，因为身边的范文比起书本上来的范文更令他们感到亲切和熟悉，也就更乐于接受，既增进师生之间的交流，又增加师生间的共同语言，从而极大地激发起学生写作的积极性。吕桂梅老师的《玩具总动员》随笔化作文教学，教师坚信爱玩是孩子的天性。因此，老师通过课前调查，写作前设计让学生玩自己喜欢的玩具，课堂上滔滔不绝地介绍自己的玩具等环节，为学生自主写作提供条件和广阔的空间，减少对学生写作的束缚，鼓励学生自由表达和有创意地表达，所选择习作教学的内容贴近学生生活实际，让学生参与其中，乐于表达，易于动笔，学生写作表达呈现出自己的真实想法。在柴晓娟老师的《画嘴巴》随笔化作文教学中，柴老师由图片引入课堂，激发学生的参与兴趣；学生亲身体验，为喜洋洋画嘴巴，说说自己的所见、所闻、所想；认真观察老师画嘴巴，谈谈自己看到的、听到的、想到的，以此由面到点，培养学生的观察能力和思维能力；学生动手写话，写出自己的真情实感。整节课让学生在生动的画面中去体会。学生在写作中锻炼，在讨论交流中提升自我，柴老师的范文《画嘴巴》画龙点睛，成为完美结局。官彩琴老师的《细微之处见真情》随笔化作文教学，教师是在阅读学生的作文时发现其中一篇《浓浓的母爱》，学生抓住了典型事例来写，但叙述太简单。教师拿此文章作为范文，引领学生从"随笔写作"范文中发现问题、分析问题，结合自身写作经验谈方法技巧，指导学生运用写作技巧修改"随笔习作"范文，在课堂上交流、点评，学生品评，共同欣赏成功的习作，让学生找出值得借鉴的地方，从中体会，要想让文章写得具体，要从人物的动作、语言、神态等进行描写。海玉峰老师的《春雪》随笔化作文教学，教师做了有心人，将学校的雪景、学生玩雪等情境拍照，使画面再现，回味品析学生的作文，收到了好的效果，如此等等。老师的教学更是乐在其中，正是通过每节课的教学，常常动笔，不断地积累教学经验，不断地提高写作水平，获得教与学的双丰收，促进了师生写作水平的共同提高。

欣赏每位教师的随笔化写作教学，"情景随笔课、读书随笔课、随笔展示课、读悟随笔课、随笔评议课、随笔成文课"，六种不同的课型，让我们深受感触：给学生阅读时间，让他们在大量阅读中感悟；给学生创设情境，让他们在情境中去体验；引领学生学会观察，让他们在观察中学会思考；带领学生参与活动，让他们在活动中分享快乐。作为教师，为学生搭建展示自我的平台，让花儿竞相绽放，才能享受桃李芬芳的快乐与成就。

学校随笔化教学研究，让学生在真实的场景、活动、体验中得到了真情流露，由不敢写、怕写、不知从何写起，到开口表达言未尽，下笔挥洒墨不止，印证了"写作源于生活"。看看老师投身研究的热情、激情，分享学生写作的喜悦、快乐，我们更加坚定了"科研兴师、科研兴教、科研兴校"之路，也坚信随笔化写作之路会越走越宽。

随笔化习作研究，润泽幸福人生

吴忠市盛元小学——路云

说起习作教学，大家都知道它是语文课程的重要组成部分，也是语文教学的重点和难点。但是，长期以来，习作教学面临的问题是：学生奉命习作，东拼西凑，"假、大、空、套"；习作缺乏真情实感，缺乏童真童趣；教师习作教学指导盲目、空洞，批改苦、累、收效低，出现了学生怕写、教师怕教的教学现状。

为此，学校自2009年率先从语文习作教学这一难点入手，开展习作教学研究，先后历经了三个阶段：

第一阶段（2009.11－2012.07）：申报自治区重点课题《小学阅读教学中习作资源的开发与利用》，开发阅读教学中的习作资源，以读促写，重点解决了学生习作技巧的问题。

第二阶段（2012.03－2014.12）：申报立项自治区重点课题，开展《小学生随笔化习作研究》，先写后导，重点解决了学生习作内容的问题。

第三阶段（2014.12至今）：申报立项自治区重点课题《习作课程校本化实施》，开展习作校本化研究，建构模式，夯实课内习作指导。

由于研究的全过程战线拉的较长，所以，我重点与大家分享第二阶段，《小学生随笔化习作研究》课题成果。此项课题是2012年立项自治区重点课题，历时三年，于2014年12月，采用现场结题的方式，通过课堂展示、结题报告、结题答辩、专家论证等形式，成功结题，并被评为自治区优秀课题成果。

随笔化习作是一种以"表现—存在本位"为基本理念的生命化写作教学体系。它顺应小学生的身心发展规律，以激发写作动机、兴趣，养成良好习作习惯为目的，强调随时、随地、随情、随景而作，以顺应、养护、培植、激励、磨砺为基本准则，形成多向、积极、互动的、"真""情""趣""多"的生活化习作教学体系。

三年的研究及实践，我深感《小学生随笔化习作研究》具有以下几个方面的突出贡献：

一、确立三种课型，优化了习作课堂教学。

我们研究实践了"情景随笔课、随笔展示课、随笔读悟课、随笔评议课、随笔成文课、读书随笔课"六种课型。后来结合学校实际，不断打磨，精简并重，最终开发确定为"情境随笔课""读悟评议课""读书随笔课"三种课型。

1. 情境随笔课

情境随笔课是创设贴近生活的情境活动，使师生参与体验活动，随即动手下笔，从而在动手中体悟快乐，在对话中升华情感，创设习作内容，指导习作的一种课型。

具体习作流程如下：

教学流程	创设情境	自主习作	展示评价
低年段	10－15分钟	15－20分钟	5－10分钟
高年段	6－10分钟	20－25分钟	5－9分钟
目标任务	通过游戏、活动、音乐、图片、视频创设情境，指导学生观察体验，引发学生思考，帮助学生建立习作素材。解决学生"无米下锅"问题。	明确习作要求，让学生自主习作，写真事，表真情。	展评学生习作中的优点，进行简单的评议，渗透习作的训练点，教给学生自主修改的方向和方法。

在具体的操作中，低中段的"情境"创设以游戏和活动为主，教师重在指导学生学会观察，学会体验，学会交流，让学生既有情又得言，解决习作"有米下锅"的实际问题。用时在10-20分钟。

高年级的"情境"创设重在激发学生的情感和培养学生沉静的语言思

维中进行。主要通过视觉、听觉的洗礼，引发学生的情感体验和思考，帮助学生在自己的生活记忆中搜寻习作素材，最终达到"有情又得言"的目的，用时在6—10分钟。自主习作环节教师在指导学生明确要求的情况下，在15—25分钟内完成习作或片断。

展示评价环节，低中段通过展评鼓励学生表达，培养学生习作的发表意识。高段还要进行简单的评议，渗透本次习作的训练点，给学生自主修改的方向和方法。

低段典型的情境有：《画嘴巴》《吹画》《嗑瓜子》《吹气球》《你来比划，我来猜》《危险的气球》等。

高段典型情境有：《微笑的力量》《fmaily》《父爱无痕》《保卫鸡蛋》等。

2. 随笔评议课

随笔评议课是在教师整体评价的基础上，通过老师下水文片段、名家精彩片断、同学的习作或片段，让学生在品读中感悟修改习作的方法，提高学生的习作鉴赏和修改能力的随笔课型。

教学流程	整体评价	评议感悟	自主修改	展示评价
时间分配	10—15分钟	10—15分钟	5—10分钟	5分钟
目标任务	品析本次习作的成功之处，放大学生的习作优点，提高学生习作的自信心。	通过读老师、读名家的精彩片段，让学生在读悟中习得修改本次习作的方法。	在集体评议的基础上，尝试修改自己的习作。	通过前后对比，提高学生的习作修改的自信心。

这种课型的具体流程是：第一，整体评析，以欣赏的眼光鼓励学生习作的成功之处，以此提高学生的习作自信心；第二，评议感悟，通过读老师、读名家的精彩片段，让学生在读悟中习得修改本次习作的方法；第三，是自主修改，指导学生在评议的基础上，尝试修改自己的习作；第四，是展示评价，通过前后的对比，提高学生的习作修改的自信心。

典型的课例有：《把实验过程写清楚》《写好连续性动作》《按顺序写过

程》《明确中心，选材典型》《用生动的语言表现人物个性》等。

3．读书随笔课

读书随笔课是在学生文体阅读的基础上，通过挖掘文本的习作资源，进行文本续写、改写、仿写、写感受等习作训练的随笔课型。

教学流程	读书交流	自主习作	展示评价
时间分配	10－15分钟	20－25分钟	5分钟
目标任务	以学生课外阅读为前提，在交流中逐步渗透习作的训练点，激发学生的习作兴趣和欲望，教给学生习作的内容和方法。	结合读书感悟与理解，进行习作（仿、补、改及读后感）训练。	进行简单的评议，渗透本次习作的训练点，给学生自主修改的方向和方法。

具体流程如下：一是读书交流，教师引导学生感悟文本，然后揣摩文章写法，在交流中逐步渗透本次习作的出发点，激发学生的习作兴趣和欲望，也给学生习作的内容和方向。二是自主习作，结合读书感悟与理解，进行习作（仿、补、改及读后感）训练。三是展示评价，通过简单的评议，渗透本次习作的训练点，给学生自主修改的方向和方法。

典型的课例有：《了不起的狐狸爸爸》《鲁滨孙造船》《夏洛的网》等。

这三种课型顺应人的言语生命成长规律，激发学生的写作兴趣，丰富和发展学生的言语生命，最大限度地激发和释放学生的写作潜能，提高了学生的书面表达能力，收到了良好的写作效果。

二、随笔化习作研究，促进教师专业发展。

在三年的课题研究中，教师参加理论学习23次，各级各类教研活动105次，开课260多节，论文获奖123人次，优质课竞赛获奖38人次。

在大量的实践研究中，我们编辑了盛元小学随笔化专刊——《随圆》。这份专刊收集了我校实验各阶段报告6篇，各级各类获奖论文、反思30多篇，收录了获奖优秀教学设计38篇，基本涵盖了我校随笔化研究的精髓，提炼了随笔化研究的教学成果，成为语文教师习作教学的参考书目。

课题组还结合教材内容，编辑了《随笔化习作校本教材》，内容丰富，可操作性强，有经典的随笔化教学设计，有创新的随笔化案例，也有与课外阅读相结合的读书随笔课案例，还有套餐式的随笔化教学方案、随笔评议设计和教学反思等，融入了全体老师智慧，教师们都得到了不同程度的成长。

习作开课率不断上升。无人问津的习作课逐渐成为语文老师的喜爱，习作开课率由原来的1%上升到56%，呈现大幅度上升趋势。教师怕上习作课的现状得到了明显改观，极大地促进了教师的专业素养。

三、随笔化习作研究，促进学生幸福成长。

1. 学生习作水平不断提高。

三年的课题实验，我校随笔化习作创新学生的习作展评，设立了校刊、班刊和师生个人文集。共发表班刊182期，学生个人文集120多集，班刊最多的已经达到23期。三年来，我校220名学生先后在全国小超人书信大赛、《吴忠日报》《小龙人报》、邮政杯书信大赛、中小学生演讲比赛中获奖，为学生提供一个发表习作的平台，激发学生习作创作的兴趣。

学生的习作成绩显著提升。

研究过程中，实验班成绩明显高于平行班。

近几年，学校抽测语文学科和习作成绩不断攀升。

几年来，市区抽测成绩，我校语文成绩呈上逐年升趋势。

四、随笔化习作研究，让教师的研究不断深入。

三年的课题研究与实践，我们也发现第二阶段习作研究的突出问题：写作内容序列性不强；与现行教材的契合度不高；增加了教师的工作量。基于这一问题，我们确立了新的研究方向，深入开展研究，也就是目前我们习作研究的第三个阶段——《习作课程校本化研究》。

以上内容只是我校课题研究成果的一个缩影，也是校长重视教学，引领教师深入一线实施教学研究，努力使自己成长为研究型校长的掠影。习作研究行之不易，且行且研究，贵在坚持。但是，只要校长能够始终坚持行走在不断探索研究的道路上，学校的教学研究就会迎来新的曙光。

浅谈小学生阅读能力的培养

宁夏吴忠市盛元小学——路云

新课程标准把"语文素养"放到了一个很重要的位置，但"语文素养"的核心是语文能力，而语文能力又是在不断的语文实践中形成的。阅读是进行语文实践的最好路径，阅读是学校语文教学的延伸，阅读是搜集信息、认识世界、发展思维、获得审美体验的重要途径。因此，作为教师的我们，要积极引导学生养成良好的阅读习惯。在阅读教学中通过各种手段激发学生对阅读材料探究的欲望，想尽办法让学生感受书中藏着无穷的宝贝，与孩子分享阅读的快乐，这样学生才能从内心深处对阅读产生主动需要，从而激起对阅读的渴望。因此大量阅读书籍，对小学生的成长非常有利，那么在阅读中，怎样培养小学生的阅读能力呢？下面就谈谈我自己的一些做法。

一、寓教于趣，使学生爱读书

1. 树立榜样。榜样的作用极大，我常常给学生讲一些名人名家读书的故事，鼓励他们热爱书籍，从书籍中汲取知识。如我常有意识地给学生讲老舍、叶圣陶、冰心等名人热爱读书的一些故事，这种"名人效应"产生了不可估量的作用。

2. 以身作则。课外时间，我经常与学生一起读书，一起朗读古诗，对孩子们进行无声的教育。阅读时，我所流露出来的热情、趣味和欢乐之情对学生有着强烈的感染力，学生在浓浓的读书氛围中体会到了阅读的乐趣。这犹如一种良好的催化剂，可以激起学生强烈的阅读兴趣。

3. 随时指导。在课堂上，要随机树立典型。当学生说出一些精妙的词语或精彩的语段时；当有学生道出一些其他同学所不曾了解的科普知识时，

教师应极力表扬，这样有利于在学生中营造读书的氛围。

二、寓教于法，使学生会读书

课外阅读应是课堂教学的延伸和发展，要以课内带课外，以课外促课内，课内学习法，课外求发展。为了防止只追求故事情节，忽视文章中心以及语言描绘，我注重了以下几种阅读方法指导。

1. 指导学生做读书笔记，具体要求是：低年级摘抄语句、仿写练习；中年级摘录佳句、精彩片段、名人名言等；高年级摘录时要注明出处，写读后感，养成"不动笔墨不读书"的良好习惯。

2. 指导学生采用读书方法。学生要初步掌握精读、略读、浏览三种读书法。精读就是要一句一句地读，一句一句地理解，遇到不理解的地方要停下来，做上记号，以便查工具书或向人请教，弄懂了再继续读；略读速度较快，常常一目几行，意在了解大概内容；浏览的速度就更快了，主要用来浏览报纸、搜集信息资料，常常是只看标题。阅读初期，一般以精读为主，有了一定的阅读经验和阅读能力以后，以上三种读书方法可交叉进行，一般内容略读或者浏览，精彩的部分要精读。

3. 指导学生进行仿句、仿段、仿篇的练习。如阅读介绍竹子的文章，可引导学生为各种竹子编写标签，激发学生阅读的兴趣；或为文章内容"空白"处作补充、填补，以训练学生的阅读能力，创造想象能力。

三、寓教于活动，使学生读好书

1. 讲一讲。我班坚持每日用5－10分钟进行听说训练，时间可以安排在早会或者课前，让学生轮流上台，交流课余时间阅读中获取的语言材料，让大家或讲一新闻，或讲一趣事，或背一古诗，或说一好词佳句，或明一道理。

2. 办一办。组织学生自办手抄小报，手抄小报的内容广泛，如国家大事、校园生活、环保教育、科学知识等。学生根据要求，独立命题，编辑材料，设计版面，并配以彩色插图。如围绕"校园风筝节"这一内容，学生可办出《新校园，要飞翔》《校园连着你我他》《追求童年的梦》等。

3. 赛一赛。为了使孩子的读书热情持之以恒，我定期举办故事会、古诗朗诵会、辩论会、手抄报比赛、征文比赛等读书交流活动。此外，还有快速阅读比赛、读书知识赛、读书报告会等，使学生在活动中体会到课外阅读的乐趣，获得成功的体验。

4. 展一展。（1）剪贴展览。指导学生把读报纸、杂志或其他书籍时，发现的具有保存价值的材料剪下来，分类贴在本子上，每月在班上评展一次，以激发学生周而复始地进行下去。（2）摘抄展览。让学生把用得准确、生动的词语或形象具体、含义深刻的语句和精彩的片段，用日记本摘抄下来，定期在班上交流展评。同时，对那些优秀的读书笔记、剪贴本、摘抄本、获奖的手抄报、征文等学生作品，在教师中的学习园地里专门设"精品欣赏屋"供学生欣赏，以此鼓励那些读好书的学生继续坚持下去，勉励那些读书落后的学生向他们学习。

俗话说：磨刀不误砍柴功。正因老师没有死抓课本，而让学生真正捧起书来读，在我们浓浓的读书氛围中，在书香校园大气候的影响下，学生的阅读能力在逐步提高。的确，阅读不是游离于语文教学过程之外的点缀，是语文教学的一个重要组成部分。作为语文教师，我们应积极激发学生的阅读兴趣，给人格形成时期的孩子们播下最好的种子，提供最好的养料，使学生通过大量的阅读把课内外知识有机地结合在一起，学到更多的写作方法，真正做到"读书破万卷，下笔如有神。"让阅读滋润他们的心田，让他们在读书的广阔天地里遨游吧。

学校发展的"富"与"贵"

吴忠市盛元小学——路云

"富贵"自古以来是人们追求的一种生活境界。词典中解释为富裕，富有；贵，显贵，贵气，地位高；旧指有钱财、有地位，现指富裕而又有显贵的地位。不同心态和不同素养的人对"富贵"的理解则各不相同。

对于教育领域学校的发展来讲，同样也可以用"富贵"来定位。我个人理解"富"是指硬件条件，"贵"是指师生素养、校园文化、办学思想等内涵发展的软实力。当前，国家对教育高度重视，加大硬件投入，改善办学条件，保障经费，这些教育政策的落地，无论发达地区还是边远贫困地区，楼房建设、基础环境、塑胶跑道、信息化设备等，大多数都是高端、大气、上档次，可以说是实现了"富"。然而，华丽的外表只能是"土豪"或"暴富"。在学校办学过程中，只有整体确立明确的的办学理念（如盛元小学提出的"为幸福人生而教育"），以人的发展为目标，提升师生的文明素养，追求学校内涵发展，文化积淀，提升品位，树立品牌，这些软实力的不断彰显，才是追求实现"贵"，用当下的时髦词来理解，就是学校发展有内涵，有文化。

盛元小学建校于2009年，生源组成复杂，师资年轻化且不稳定，城市化进程时间短。2015年完成了第一个五年发展规划的各项目标任务，步入了第二个五年规划发展阶段，"富贵"最能体现学校发展承前启后两个时期的基本情况。因此，随着学校的发展，要努力做到以下几个改变，使学校发展逐步实现既"富"又"贵"。

一是改变观念，树立发展新目标，追求目标之贵。

旧时的"富贵"因时代不同，其意义也不同。今天我们要用新视角

思 旅

审视学校发展的的"富贵",确立教育目标,追求实现人生价值之"贵"。盛元小学当下与未来发展的愿景目标,我们可以用富贵这个词来定位。"富",盛元小学五年多的发展,学生、教师、学校都取得了丰硕的成绩,办学条件从无到有,到今天信息化教育教学环境的领先,校园文化的积淀逐渐丰厚,办学的社会声誉扩大,得到社会的高度认可,使师生逐步洋气、儒雅,使学生和教师们提振精气神,感到幸福,这就使学校走向了发展之"富"。展望未来,我们秉承"幸福教育"理念,坚持"着眼细节、修炼内涵、坚守特色、提升品位、文化育人、创造品牌"推动学校发展实现新常态,便是努力追求目标之"贵","贵"是学校新的发展愿景。这里我说的目标之"贵",并不是取得成绩后的高傲自大和炫耀,更不是单纯的学科成绩,而是师生的综合素养,教育教学质量的全面提升,是文雅、素养、谦和的态度,文明之礼度,眼界之高度,包容之气度,宽容之大度,品质之纯度,分享之广度,智慧之锐度,竞争之敏度……人其实是因内秀而贵,是因追求、创造、实现人生价值而贵。学校的发展目标亦是如此,是因内涵而贵,有明确的目标追求,才能折射出追求目标之"贵"。

二是做到讲规矩、守纪律,追求礼度之贵。

领导像个领导的样子,中层像个中层的样子,教师像个教师的样子;是将规矩、纪律内化于心,外化于行的自觉的相互敬重。

这里所说的规矩、纪律自然涵盖两层意思,对于领导干部来说,更多的是政治规矩和政治纪律。领导拥有权力是"富",放下架子,到位而不越位,深入基层,做好服务,有礼度则是"贵"。对普通工作人员来说不懂规矩,不守纪律的现象,都是不懂得讲礼度。盛元小学的发展,成绩的取得,付出了众人的智慧。我们一定要以他人的经验教训时常告诫自己,警醒自己,始终保持讲规矩、守纪律的礼度。深入思考谋工作,积极想法谋发展,努力做到"职归位找准位置,心归位摆正心态",投身到学校未来发展的历程中,各司其职,各尽其责,为盛元品质、盛元精神的形成,彰显内涵积淀的高贵。

三是正身律己，追求精神之"贵"。

古人云：贵而不贱。这里的高贵指的是在文明素养、道德修为、人气指数、人生价值、能力、影响力等方面，都高于一般人、一般的标准，精神气度不凡，值得重视、敬重的人。可以说，贵是价值高，分量重，值得珍惜与重视，也可以揭示出一个人或一个团队在社会中的重要性、关键性。

一个单位、一个集体如果出现一些人总是单说不练，纸上谈兵，为自己不学习、不做事创造氛围，这个群体就会走向涣散。而走向涣散的原因，往往问题出在顶层，也就是人们常说的：上梁不正下梁歪。一个团队当中，动辄坐而论道，说三道四的评论家如果多了，这个团队就会失去主心骨，思想理念就会失去统揽性，不会有凝聚力。学校也是如此。学校班子、中层队伍也要很好地把握这些规律，修身律己。工作中多探讨教育教学和管理，就是要积极探索，在实践中寻找教育之法、教学之法、管理之法，总结、提炼、形成个性化的教育教学风格和管理经验；共同携手创造荣誉，而不是往自己身上揽荣誉，从劳动者手中抢荣誉，领导亦该做表率，让正气之风常树常新。挤时间，在自己的职责领域开拓创新，更要挤出时间提炼经验，引领教师队伍凝聚精神，汇聚强大的正能量，为学校的发展打牢追求精神之"贵"的基础。

人生追求实现价值上的贵，才是真正意义上的贵，才是人们心中和常说的贵。这种贵是一个人长期修养自己的品质，并能分享自己的贵给别人。人之贵，前面谈到的态度、礼度、高度、气度、大度、纯度、广度、锐度、敏度等，都是贵于让人能进步，贵于让人成为贵。因此，我们无论在何种环境下，都要引领师生以贵为修身，让贵的数量和质量都能得到提升，让自己在贵中生活，让自己在贵中幸福，让现象与实质的落差不断竞变，实现和提升贵的价值。今天乃至今后，教师、学生走在大街上或公众场合，只要亮明自己是某某（盛元）小学的老师和学生，就能显出自己在人群中的地位和名望，就会得到大家的敬重，我们就显得尊贵，这种积淀内涵，追求精神上的"贵"，才能使我们从事的教育事业显得高贵。

思 旅

　　盛元小学发展的今天与未来，富在当下，贵在未来。回顾过去，我们信心坚定。展望未来，我们也清醒地认识到学校今后的发展提升还任重道远。要修身立德，守纪律，讲规矩，把学校的发展事业作为己任，坚持以生为本，坚守办学特色，坚定教育信念，推进学校向着新的目标迈进，使学校发展走向新常态。

学校管理者审视学校发展的视角

吴忠市盛元小学——路云

一所学校的发展，管理者一定要做到心中有数，如数家珍。那么，学校管理者如何审视学校的发展，是学校管理者应该具备的基本能力和核心素养。

一、以"哲学"的视角，审视学校的发展

"横看成岭侧成峰，远近高低各不同，不识庐山真面目，只缘身在此山。"这首诗体现出的是一种哲学思想。管理者要以如此的眼界审视学校的发展，既能看到共性，又能看到个性，既要身临其境，还要能跳出教育，以旁观者的眼光清醒地认识教育，定位自己所在学校的发展。

管理者看学校的发展要始终保持一山更比一山高的思想意识。山外青山，楼外楼，管理者一定要有谦卑的胸怀，一定要有大教育的情怀。不能孤芳自赏，更不能夜郎自大，这两种思想坚决要不得，也是阻碍学校发展、教育发展的最大障碍。

管理者看学校的发展要保持开放、共享的思想意识。开放眼界，开放胸怀，开放自己，开放学校；共享先进的教育思想，共享优质的教育资源，这是管理者的气度和胸襟，也是学校文明发展的标志之一。目前，学校之间藏着、掖着，闭门造车现象越来越严重，教育胸怀的狭隘会导致教育主体学生的狭隘。试想，我们所教育出的祖国未来不能接纳包容他人，不能具有开放、共享的情怀，又如何能担负得起国家的重任。

管理者看学校的发展要保持永攀高峰毅力的思想意识。在我看来，学校的发展犹如登山，分三个阶段：山底、山坡、山顶。刚开始在山底，登

起来较为轻松。攀登到半山坡体力消耗，往往是最累的阶段，上可进，不进则退，需要放慢脚步，恢复体力继续攀登，巩固成果，稳步攀升。当我们到达山顶，一切都比较轻松，走走看看，没有丝毫累的感觉，尽情观光风景，享受幸福。但总是一山更比一山高，如果不确立新的顶峰，久而久之就会视觉疲劳，感受不到他山看景的幸福感，所以要保持永攀高峰的毅力，才能让学校发展不会滞留在巅峰期，才能形成学校发展势不可当的强大趋势，才能养成不断定位学校发展目标的良好习惯。因此，学校的发展只有居高思危，才不会走向低谷，才不会一落千丈。只有超越山坡极限，才能稳定、健康、持续发展。

二、以"发展人"的视角，审视学校的发展

教育是关注人，培养人的发展。以人为本、全人发展是教育发展的基本理念。学校是不是发展，要看学校教育的主体学生和教师是否得到发展。学生得以成长，教师专业得以提升，学校才可以说是得到了发展。

首先，学生发展是学校发展的砝码。

学生的成长、成人、成才是衡量学校办学效益、办学水平、办学好坏的首要标准。衡量学校是否取得发展，管理者要始终做到眼中有学生。当我们走进校园，寻访社会，要看学生成长与否，要看学校是否在办适合学生成长、习惯养成的精品学校。从学生发展的视角，观察学生的成长与否，审视学校的发展，管理者要做到"五看"。

一看学生的精气神。看学生的精气神，即看学生学风、校风的形成。当走进校园，学生的眼神放射出灵动的光芒，学生的脸上流露出喜悦的笑容，学生的言谈举止文雅大方，待人彬彬有礼；当走进课堂，学生流露出求知的极度渴望，质疑的思辨，回答问题时小手的此起彼伏，语言表达口齿伶俐，阳光自信，真所谓校风正学风浓，孩子的天真、无邪、善良、纯朴、积极、上进体现得淋漓尽致的时候，谁还能轻言这所学校没有发展？

二看学生的素养。看看学生的身心素养、文化素养、知识素养、道德素养、意识形态领域：三观及真、善、美的认知，世界观、价值观、人生观、

行为习惯等素养是否形成。2015年3月30日印发的《教育部关于全面深化课程改革落实立德树人根本任务的意见》中提出要加快"核心素养体系"建设。核心素养体系被置于深化课程改革，落实立德树人目标的基础地位，成为下一步深化工作的关键因素和未来基础教育改革的灵魂。提出各学段学生发展的核心素养体系，明确学生应具备的适应终身发展需要的必备品格和关键能力。核心素养也是知识、技能、情感态度和价值观的综合表现。它是知识、技能、态度、价值观等方面的融合，既包括问题解决、探究能力、批判性思维等"认知性素养"，又包括自我管理、组织能力、人际交往等非认知性素养。因此，可以分为以下几个方面的内容加以衡量。学习素养——是否形成自主、合作、探究学习的能力。行为素养——是否形成终身受益的良好习惯，养成自我管理的能力。实践素养——是否学会劳动、动手、社交（师生间、亲子间、同伴间等）。

　　三看学生的参与度。每所学校都设计了丰富多彩的活动，作为管理者要自我评估，了解活动的实效性，就一定要看学生的参与度。所谓的参与度，一方面是看参与的深度。看参与的深度，其实很简单。到一所学校看学生是否真正参与学校所设计的内容；看学生是否养成真正参与学校所设计内容的习惯；看学生是不是真正自主性的探索；看学生参与活动时的投入程度；看学生是否发自内心的在参与。例如，我们看到一个视频，某学校在会场，所有学生吹口琴，有的偷看他人，有的低头，有的东张西望，这样的参与有没有深度一目了然。另一方面是看参与的广度。看广度一是看学生是不是全面参与，二是不是全体学生参与。参与的广度涵盖参与的内容是不是多元和是不是全体学生参与这两点。因此，到一所学校看学校的办学，一定要看学生参与学校实施各项教育活动的面广不广，是少数学生在参与，还是全体学生在参与；是个别学生的特长演示，还是全体学生的个性发展。比如，当下信息时代的迅猛发展，有的学校花大量资金购买3D打印机，让学生创意作品，但实际上只是少数学生为参观人员的展示，并不是所有学生参与创意设计，以此判断这所学校3D创意现代化水平的发展，就有点鱼目混珠。再如，有的学校搞创新，表面上是"学生作品"，看似学生全面参与，背后却是家长的怨声载道，原来全是学生家长和老师动手的杰作，这种伪参与，我们视其为伪学校发展，真的是本末倒置。所以，学校要结合学生的意愿，尽可能多地开设实践类活动，让学生有更多选择的余地，全面开放，让全体学生广泛参与，全面参与。既有深度，又有广度的学生参与，才是学校管理者审视学校发展的切入点，管理者需要练就一双"火眼金睛"。

四看学生是不是长期在坚持参与。一次到一所名校参观学习，来到烹饪兴趣小组，老师带着孩子们做出了许多特色食品，让人垂涎欲滴，但细心观察就会发现，功能室不但没有油烟机，而且没有一点污迹，灶具也没有丝毫油渍。有的只是学校为了应对参观、应对检查，临时拼凑，不能持之以恒坚持对学生的训练，不是为了学生的终身发展和能力的形成设置课程，说其学校发展就有点牵强附会。

总而言之，我们走进学校能看到学生，看到学生的笑脸、作品、习惯养成、综合素养、激发学生兴趣的设计……看到学生真正得到了方方面面的发展，说明学校在发展。

其次教师发展是审视学校发展的标尺。

学校有没有发展，看看学校教师的专业、教师的素养有没有提升和发展，是判断这所学校发展的重要标志。一看教师的教风；二看教师的专业发展；三看教师的敬业精神。走进一所学校，看到教师木讷，对人对事对学校都漠不关心，如一盘散沙，工作毫无热情和激情，无师表风范，大谈学校的发展只能是一句空话。教师是学校发展的源动力，管理者要始终做到心中有教师，培养引领教师的专业成长和发自内心热爱教育为之探索的教育情怀。刘永霞是我校的一名专职科学教师。没有哪位领导安排她课堂教学之外的工作，她却结合自己的学科，主动带领学生养蚕，为了蚕食的桑叶到有桑树的小区等地方采摘桑叶。也是因为她的申请，学校里栽种了八棵桑树。这八棵桑树随着一届届学生养蚕实践活动的成长，树与人之间发生的故事，情感的交织，自然而然就是学校文化的一角。她还带领学生用花盆种植凤仙花等植物，学校后操场的太空黄瓜就是她带领学生种植、观察、记录、分析，后操场成为培养学生科学思维的实践基地。从她身上可以看到一位教师发自内心对工作的热爱，可以看到想方设法真正为了孩子教育工作的热情和责任心，可以看到教师对教育事业的执着追求……当我们进入一所学校，感受到这所学校的教师个个都能立足自己的岗位，知道自己干什么、如何干、干得好不好，学校的发展就会真正融入每位教师的用情、用心，这所学校才能谈得上真正的发展，而且学校的长足发展更不是一句空话。因此，管理者要心中装有教师，生活上给予关心，工作上压担子，业务上给平台，从情感上激发教师对教育的责任，从教师专业发展课程、教师素养课程两个方面顶层设计教师课程，促进教师发展，促进教师由竭尽全力走向全力以赴，从而形成学校发展的强劲内驱力。

三、以"质量"的视角，审视学校的发展

质量是学校发展的生命线。什么是质量？目前"唯分数论"的质量观比较严重。实际上，我们不能单以分数论英雄，但又不能不以分数论质量。质量应该是综合素质的总和，其中包括学业成绩。有的人诋毁应试教育，动辄以"高分低能"抨击应试教育，认为书本学到的知识走向社会几乎没有，甚至说完全没有。其实不然，这种看法太过于偏激。事实上，绝大多数高分与能力都是成正比的。学生的学业成绩好，说明学生大量储备知识的同时掌握了学习方法，具备了综合运用知识的能力和思维品质。学生走入社会应用到的都是书本知识的精华，是每个人内化的产物，应用更多的是获取知识、解决问题的思维方式、推理过程。因此，走向社会远离的是文本，而留下的是思维、智慧、品质。

但是，育人质量是乘法。乘法的一个重要性质是零乘任何数都得零。高分低能，质量相当于零；身心不健康，质量相当于零；有才无德，质量相当于零……质量有其"归零"现象。

案例1：大学生助学贷款，出现了新现象：国家为了解决贫困学生上大学的困难，为考入大学的学生设立无息贷款助学，政策非常人文。能考取大学，应该是学科成绩不错，结果眼下有一部分大学生毕业后不仅不懂得

思 旅

感恩，而且不还款，失信、失德，让人不可思议，更是有违古训："人穷志不穷。"

同样是大学生助学贷款，有个大学生，父母带去办贷款，学生一看条件，发现自己不符合，就硬是不办贷款，还说服父母一同回去了，这才是回归本质的质量，品学兼优。

案例2：有一所名校，办学声誉一流，社会认可度高。然而，有一次，在公交车上该校的两名学生相互打闹，骂脏话，吵闹，严重影响到车上的乘客，乘客制止，两个学生就和乘客顶嘴，而且还骂脏话。车上一位教育工作者看到校服上前批评教育，最终两个学生的不文明行为算是得到了制止。但是学生在公交车上的表现让车上的乘客对该校的教育质量刮目相看。同时也值得教育者对教育质量进行反思。

同样一所学校，学生放学后在公交站台能够自觉地排好队，自觉地上下车，自觉地礼让，自觉地给人让座，文明礼仪之风盛行，学生的言行社会上人人称赞，"金杯银杯不如老百姓的口碑"，我觉得这才是真正的教育质量。

……

这样的例子举不胜举，层出不穷。从这些现象中反映出小到学校教育质量，大到国家教育质量的"归零"现象，折射出新一代人群中立德树人、综合素养的重要性。质量的归零现象，引发了专家提出核心素养，全面发展的质量观。

因此，我们看待质量不能单一、片面，要综合来看。作为教育者，尤其是学校管理者，促进学生全面发展的任何一个因素我们都不能忽视，更不能轻言放弃。要练就一双敏锐的眼睛，心中建立衡量的尺度，立德树人，培养人的全面发展，尽可能避免质量的"归零"现象。

就小学而言，质量就是：习惯+兴趣，学业成绩+核心素养。如果做乘法，哪些项不能为零显而易见。管理者的认识要从"唯分数论"的质量观转向"回归本质"的质量观。

西方有句谚语，"教育的本质，不是把篮子装满，而是把灯点亮"。孔子说:"少成若天性,习惯如自然。"意思就是小时候形成的良好行为习惯和天生一样的牢固。著名的教育家陶行知曾说过:"什么是教育?简单一句话,就是养成良好习惯。"要真正做到"授人以鱼不如授人以渔",我们就要把质量视为学生终身发展的那盏灯,担负起把灯点亮的使命。

做校长,从事学校管理就要视学校的发展为己任,要有敏锐的眼光抢抓学校发展的机遇,要有心中的评价尺度,不断地自我诊断学校的发展。

读一篇网络文章有感

2018 年 11 月 29 日思悟于朝阳小学

古人云：厚积而薄发。全人发展的德、智、体、美、劳等综合素养同样需要厚积而薄发。

当下总会有一些言论、一些观点重此失彼，引导人们从一个极端走向另一个极端。

这里有一段网络文章内容：

如果教育仅仅是传授知识、培养能力，刚才说的当然是对的。但教育的作用仅仅如此吗？

陶行知说："教育是心心相印的活动。"两个心，一个教师的，一个学生的，二者相沟通；

苏霍姆林斯基说："教育，这首先是人学。"他没有说是机器学，没有说是笔记本学、电脑学、互联网学……而是"人学"；

雅思贝尔斯说："教育是关于灵魂的教育，而非理性知识和认识的堆积。"

想一想，我们现在很多时候，不就是在比拼哪个学生的"理性知识和认识"堆积得多吗？把学生推进大学了事！但这不是教育！三位大师都把教育指向了人的精神。都认为教育是关于灵魂的，而事关灵魂，岂能交给没有灵魂的网络与机器人？

大段的内容，看似有理有据，"如果教育仅仅是传授知识、培养能力，刚才说的当然是对的。但教育的作用仅仅如此吗？"这似乎是其观点，反问语气转换为肯定的语气应该是：教育的作用不仅仅是传授知识，培养能力。可见传授知识，培养能力仍然是教育的作用之一。最后三句话得出结论：这不是教育。尽管三位教育家都把教育都指向了人的精神，但也没有说这不是教育，而是在强调其他方面的重要性。

还有文章中的这段内容——

人，才是教育的最高价值。

这样一来，一个问题我们可以问问自己，我们现在的孩子幸福吗？

大家看一个场面。每年高三学生在高考结束以后，几乎——不敢绝对地说"全部"——都要做一件事：撕书！校园里雪片纷飞，那是学生们撕碎的书页。他们在欢呼，很开心，而这开心的背后，是对一段岁月的诅咒："终于结束了！"不用再考试了，不用再补课了，不用再排名了，不用再熬夜赶作业了……

可是想一想，退回到12年之前，同样是这批学生，他们要去小学报名的那天晚上，该是怎样的兴奋，怎样的憧憬？小书包放在枕头边睡不着觉，因为明天要读书了呀！第二天早晨起来，挺着小胸脯说：上学去！可为什么他们曾经在12年前憧憬的时光，12年后却成了他们诅咒的岁月？在学校里，分数是最高价值，而非人是最高价值。

"人，才是教育的最高价值。"这样的标题是什么概念？似对非对，故弄弦虚。试问：教育成什么样的人，才是教育的最高价值？"己所不欲，勿施于人。"下面的两段例证和推测，试问这样的推测是笔者的意愿，还是学子真实的心声？世间最难的就是走进人的心里，知道一个人在想什么。仅凭一个现象就断言："其背后，是对一段岁月的诅咒：'终于结束了！'不用再考试了，不用再补课了，不用再排名了，不用再熬夜赶作业了……"这未免也太武断了些！出现撕书、扔书的现象是海量求知的结果，还是忽视立德树人的结果，值得深思。

在我看来更多的应该是立德树人严重缺失的一种负能量的堆积，也许是一时的宣泄，我们不应该片面否定，甚至是颠覆。小学、初中、高中，乃至大学是孩子学习知识、积累知识、从学习中掌握方法、训练思维的黄金时期，如果不吃苦，错过之后，那就真的是"少壮不努力，老大徒伤悲"。许多人能够做到今天满腹经纶、侃侃而谈的言论，下笔成文、出口成章，却忘了自己当年苦学的积累，忘本取宠，误引其途。

还有："教育是关于灵魂的，而事关灵魂，岂能交给没有灵魂的网络与机器人？"这样偏激的言论，让我想到鲁迅先生的观点——新生事物一露头就一棍子打死的友邦惊诧论者。陶行知、苏霍姆林斯基、雅思贝尔斯，三位教育先贤出生在什么时代？他们的时代不是"互联网+"的时代。陶行知先生倡导：生活即教育。当下的生活就应该是当下的教育。新时代，教育面临新的挑战，互联网、智能机器人的确对教育带来了巨大的挑战，但是互联网、大数据、人工智能等信息技术手段也是新时代教育改革发展的助推器，是辅助作用，并非取代师生之间的灵魂交流。我们为什么不考虑如何为我所用，只是片面地排斥？逆历史潮流，要么颠覆历史，要么被历史淘汰。

加拿大研学随记

　　教育是人类共同的事业，需要有国际视野，需要开放吸纳不同国家先进的教育思想和办学经验。加拿大是我从事教育带着学生出国研学的第一个国家，心情激动，倍感珍惜。

一、赶往加拿大

　　加拿大（Canada）是位于北美洲的最北部的国家，首都渥太华，素有"枫叶之国"的美誉，所以，其国旗上是一片枫叶。加拿大是英联邦国家之一，领土面积为998万平方千米，位居世界第二，约3000万人口，地大物博，物产丰富。我们的目的地是加拿大多伦多安大略省。

思 旅

7月24日，天气格外晴朗。

这一天，我们无比兴奋地登上了去北京的火车，开始加拿大之行。一行12人，我和马莉主任还有10名学生，其中最小的九岁半。一夜的火车，我们顺利来到北京西站，转乘机场大巴，赶往首都国际机场。经过组织者薛老师的精心安排，我们办理完登机手续于7月25日北京时间16:05登上赴加拿大温哥华的客机。由于所有人都是第一次出国，所以大家激动不已，盼望着早些看到期盼已久的异国风情。

7月26日，晴。

经历了整整十三个小时的飞行，终于来到了温哥华机场。先是办理入关手续，由于英语不通，遇到了交流障碍，好在找到了华人服务区的工作人员，在工作人员的指导下，手续变得轻松容易多了，很快我们团队就顺利通关，转乘加拿大国内航班，赶往目的地多伦多。就是在通关转机排队中，让我感受到了加拿大的第一印象。我们在耐心排队等候的过程中发生了一段小插曲：有三个不明国籍装扮的通关者，看到关口查验手续的是他们国家的同胞，便没有排队，径直走向查验手续窗口方向，看样子是想要说人情提前通关。但出乎我的意料，对方断然拒绝，并阻止了那三个人，其中一个先生看起来很不高兴的样子，不知说些什么。不管怎样，三个人还是被请回到了队伍的尾端，顺势排队。安检员然后耐心指导填写通关卡，随着长队慢慢往前指引。与此同时，距离检票口最近的地方有个身着制服的机场女保安带着两个不明国籍的人走捷径入到了队伍中，仍旧是那个安检员见状迎过去同样制止了插队行为，我当时真的十分感慨。法不容情，责任重于泰山。在加拿大温哥华机场，在这个外国人身上表现得淋漓尽致。她表现出了执法严明，责任担当，使得机场通关秩序井然。这也反映出两个方面人的意愿，一方面是人群中总有人总想寻求人情通过，漠视规矩的意识；一方面是执法者的责任意识，另这两者同是作用力与反作用力的关系，彼弱我强，彼强我弱，都会出现不公平，只有双方共同遵守，才能遵循规矩，才能人人平等。我想人类文明起先一定是靠制度约束出来的。中国有句古话：无规矩不成方圆。

当地时间晚上 11:00 多,我们入住安大略省多伦多大学校内的宿舍,由于饮食习惯的差异,大家吃了两块有史以来最难吃的,也是我这辈子都难忘的"披萨饼",算是晚餐,之后我们都累得进入了梦乡。

二、信任基于诚信

7月27日,当地时间7月26日。

教育的本质就是信任,诚信是信任的基础。因此,教育首先是倡导诚和爱,其次才是传授知识。

这天,我们一大早 6:00 就起床开始第一天的研学生活。我和马丁的房门钥匙被反锁在屋子里无法进去,只能着急。我为了不让马丁和同学们着急,就表现得很镇静,怕影响孩子们一天的好心情。

就在大家着急的时刻,六年级有个学生突然说道:"不如我们想想办法,看看能不能把门打开。"马莉主任第一时间回答很是坚定:"那可不行!我们一定要讲诚信!"他们的话音刚落,大家的目光不约而同地都落在了门锁上。锁是非常老式的,是我们八九十年代常见的门锁,透过门锁我们发现加拿大人做事非常严谨。他们在宿舍门锁处加了一个子母防盗扣,这就避免了有人从外部用卡片之类的工具轻易把门打开的可能性。再仔细观察,我们发现门扣上的外置螺丝和内置螺丝不一样,外置螺丝只能向拧紧方向上劲,松开方向两面斜面,无法用力,也就是无法通过拆卸打开。这些方面的改进说明他们曾经遇到过不拿钥匙开门或非法入盗的问题。从这些小小的细节,我们可以看到加拿大人思考分析问题、解决问题心思缜密,细致入微。看那些陈旧的锁,说明拿大人的习惯不是换新锁,而是在原有基础上改进克服问题。他们善于思考,于是想出这样的办法,而且是问题环扣,把可能出现的问题解决到了理想状态,既节约又创新,这是他们的智慧,真可谓"细节决定成败"。也让我进一步深刻地感受到创新的方法之一就是在原有基础上加以改进,生成新事物,并非破旧立新。恰巧过来了一个外国人,虽然语言不通,但是我们经过简单的交流之后,他帮我们找来了管理员。正是我们的诚信没有破坏门锁,才换来了管理员的信任。

思 旅

最终我们的门锁通过管理员的备用钥匙顺利打开。

上午9:00钟,我们吃完早点。英语老师给孩子们进行英语测试分班组织英文教学。之后我们参观多伦多大学校园。路过一片草地,我被一只可爱的黑色小松鼠所吸引。小松鼠倒是很给面子,让我近距离拍到了它的正面,近到我伸手便可摸到它。听中文老师讲,这里的鸟雀、小松鼠都是如此亲近人,让我感受到了人与自然和谐,人与小动物和谐的生态环境圈。这样的和谐相处究竟是如何构建的,尤其是野生动物和人类之间能达到如此亲密。我想这应该是信任,小动物们相信人类不会伤害它们,所以毫无防备地亲近人类。而信任则是建立在诚信之上,人类赢得这些小松鼠的信任,那需要怎样的长期相处,才会建立如此的信任?

现实证明:小动物能与人类建立如此信赖的关系,源于人类对小动物的诚信、爱心、耐心,基于小动物对人类的信任与放心,是建立在彼此相互之间。事实上,我们现实生活中,无论人与动物,人与人,还是国度之间都需要信任,如果信任离我们渐行渐远,那一定是不讲诚信,尔虞我诈,见而远之。其实,信任基于诚信,只要人人都讲诚信,营造人与人相互信任的良好人际关系,那么社会就会更和谐,世界亦会更加和谐。动物与人类如此,社会中人与人如此,国度之间亦是如此,孩子的教育更是如此。对孩子的教育我们只要诚信,付出爱心、耐心,愿意与孩子们交朋友,像

其父母一样呵护他们，一视同仁对待他们，时刻做到表里如一，说到做到讲诚信，那孩子们就会信任教师，就会言听计从。

教师如何才能取得学生的信任？建立亲密的师生关系尤为关键。俗话说：亲其师而信其道。教师只有与学生建立亲密无间的师生关系，学生才能喜欢信任教师，才能悦纳教师为他所做的一切，才会每天一到学校就粘着老师，围着老师转。一是要爱学生。鲁迅先生曾说过：教育根植于爱。没有爱就没有教育。教师对学生的爱不是溺爱，应该是学生出错后的包容，应该是学生犯错后的宽容，应该是既有好心又有好脸子的慈爱、父爱与母爱，让学生感到可亲可敬。二是要尊重学生。每个学生都是一个独立的个体。教师不能以为人师表的身段自居，端出高人一等、盛气凌人、师道尊严的架子，否则学生就会将其内心紧紧封锁，形成师生关系不可逾越的鸿沟，必定会群而远之。教师应该放低身段，尊重学生，尊重学生的人格，尊重学生的个性发展。应该以平等的心态，俯下身平等对待每个学生，不以学生家庭的贫富贵贱区分学生，不以有色眼镜分别对待学生，让学生真正受到尊重，让学生发自内心地崇拜老师，学生才能把教师像"神"一样的尊崇。

三、探究与发现

7月28日，当地时间7月27日。

我国著名教育家陶行知先生的生活教育理论所倡导的生活即教育、社会即学校、知行合一，是他教育思想的深髓。也就是说，教育不仅仅是校园内的活动，教育要到生活中、社会中、大自然中广泛地实践、探索与发现。

今天下大雨了，足足下了一个早上。草坪更绿，空气更清新，沁人心脾，很是舒服。我们很快吃完了早餐，孩子们来到门厅的沙发上休息，每人一个手机玩个不停。我耐心地观察了一会儿，产生了一个想法：国外的小朋友们对手机的依赖性大吗？他们用手机来做什么？带着这样的问题，我便带着张锦一展开了调研。

进入餐厅大门后，我先是让张锦一观察门厅里咱们的孩子在干吗。然后径直来到餐厅，进入餐厅。首先看到了中国深圳团的小朋友，我低声问张锦一："你看这几个中国孩子在干什么？"张锦一的回答很是肯定："玩手机！"

我和张锦一一直来到最后一排找到座位坐下来。这时候我才告诉张锦一我的目的：我们来观察一下中国孩子和外国孩子手机的作用和对手机的依赖性，同时观察一下同伴之间的交流。我们俩静静地坐在后排观察着全场各国小朋友用餐的场面。观察了十五分钟左右，我们起身离开餐厅。离开途中，边上有个外国小朋友在用手机，不同国籍的孩子们、出口处深圳小男孩的同伴几乎都在用手机。我和张锦一特意凑上去一一看个究竟。结果除了某国小朋友通过动画片学英文并与同伴分享，其余的各国小朋友和大朋友们大都在玩游戏，门厅我们团队的孩子也都在玩游戏。这一现象值得教育深思。科技的发展在促进社会进步的同时，对孩子的身心健康，尤其是视力保护带来新的挑战。我们如何正确引导学生合理应用，克制对电子产品的依赖，是教育面临的新课题。

观察的第二个点，我们也发现：外国的孩子在一起交流，始终是一个人发言，其他人安静地倾听，大家都是等对方表达完之后，依次发表自己的想法及观点，交流很安静；我们的孩子交流，一个人发表观点，还没等说完，便开始抢答，而且互不相让，生怕自己没有说话的机会，交流的场合总是你一言我一句，你拼我抢，显得嘈杂，最终可能谁也没听清楚对方所表达的内容。所以，学会倾听的强化是训练孩子们的方向之一。

来到教室，英文老师还没到，我便给孩子们上"中国课"，我告诉大家我和张锦一的观察、发现和收获，让张锦一交流了观察收获，引导孩子们从即日起开始留心观察周围的一切，思考、发现问题，分析问题，并自主想办法解决问题。

此后，我们便开始了我们的发现。当天出去实践活动的时候，我和孩子们发现了一个没有门锁，却能把门紧锁的大门。经过我和孩子们的研究分析，发现没有锁，门能紧锁的大门采用的是三角形的稳定性原理设计的，我和孩子们破解了其中的奥秘。（附图1）

有一天，我们乘车去尼亚加拉瀑布参加社会实践活动。一路上，我透过车窗观赏加拿大的建筑风情。突然，马丁像是发现新大陆似的，兴奋地对我说："校长！你快看那个擦窗户的服务员！"我顺着他手指的方向看去，还没等我说话，他接着说："校长！我发现加拿大男服务员比较多，昨天在宾馆里就有一位大叔为我们清理房间。今天我又在这里发现这位叔叔在擦玻璃，你看他擦得多认真呀！""劳动最光荣，有性别之分吗？"我便问他。"在我们那里大男子主义很重，男士是不做清洁的。"我猛然一愣，摸摸他的脑袋说："劳动不分性别，不分岗位，只要是靠自己的双手劳动就应该感到自豪，我们要从小转变观念。你观察得真仔细，继续你的发现。"（附图2）

思 旅

"校长！这是干吗用的？"我们几个都向着张根卓拎起的毛巾看去。"是呀！这是干吗的？是擦条椅用的。不是！取不下来。那是……"大家你一言我一语相互议论着。最终还是集体的智慧，大家通过动手、分析，一致推测高尔夫球场、座椅边上，固定放置，那应该是擦拭清洗后的高尔夫球用的毛巾。实际上大家的推测是对的，后来有运动员完整的操作证实了这一点，大家都很兴奋。（附图3）

再后来，诸如此类的发现就层出不穷，孩子们像是打开了问题之门，每天都有自己的发现。也让我更加坚信：学问，学问就是要学，要问。教育就是要给学生提供具有挑战性的学习机会，不断地激发学生的观察意识和问题意识，引导学生发现问题、分析问题、解决问题，这样才能训练学生的思维，逐步形成一种思维品质，才能培养学生的实践和探索精神，才能使学生具备创新能力。

四、心情沉重的一天

7月29日，当地时间7月28日。

今天午餐的时候，我们宁夏石嘴山三中来了19名学生，两位带队教师。老乡见老乡很是亲切、热情，相互见面介绍认识后进入餐厅就餐。照例我们12个人两张餐桌。结果就在女生去取餐的时候，石嘴山三中四个学生端着餐盘在找座位，由于当天就餐的人太多，一时没有座位。他们四人见我们事先占下的座位没人，但物品在座椅上，就挪开物品要坐。男生见状便告诉他们有人，可是他们为了自己方便硬是就座用餐，弄得我们孩子们取餐回来没了座位很是生气，各个火气冲天，有干仗的势头。我和马莉主任看到这种情形，安慰孩子们："他们今天刚到，还不是很熟，大家理解一下，来咱们挤一挤坐下。"孩子们虽然按我说的做了，可是一脸的不服气。对方竟然连句"谢谢"也没有。当时内心真有点不舒服，但毕竟都是出远门的老乡，也就没吱声。

用餐结束的一幕，让我实在忍不下去了。其中两名学生用完餐起身便走了，居然将餐具扔在餐桌上不收拾。这在国外是被瞧不起的。我可以让孩子们收拾桌子，但我不能让外国人指我们的脊梁。于是我起身找到他们带队的老师，告诉他："请您安顿同学们用完餐将餐具自己清理，不要放在餐桌上，这是你们学生扔下的两套餐具。"老师的回答让我更震惊："那不是我们学生留下的。"当时我心里有一种说不出的鄙视。"我亲眼看到的，温馨提示你们，您凭什么这么肯定？"他虽然有点不情愿，但无论如何还是让学生清理了餐桌。难怪习主席提出责任担当。就这么点小事，还没搞清楚事实就一口推辞，以后遇到大事会担当吗？中华民族有着五千年的文明，我们要教育引导孩子们从小树立不推卸责任，知错就改，勇于担当的大国精神，作为教育工作者我们义不容辞。

同样是餐厅里，我们的孩子今天也出现了新情况：几天下来，由于饮食不习惯，我们队的一位同学剩下了许多薯条要当垃圾清理，被我叫了过来，做了一番教育，我帮着她一起吃，吃完后清理餐具，同时告诉孩子们以后吃多少取多少，不能浪费粮食。就是这样马莉主任出来后告诉我说："不知是咱们的哪个孩子，盘子里留下了几根薯条，她帮着清理餐具，身后的老外指着她在议论，指责浪费。虽然听不懂，但是心里忐忑不安。"厉行节约，减少浪费是中华民族传统文化的精髓之一，也是中国的传统美德。眼下学校教育节约常讲不止，而且我们的孩子口里每天都背诵的是"锄禾日当午,汗滴禾下土。谁知盘中餐,粒粒皆辛苦"。可为什么实际生活中孩子面对浪费竟然总会觉得理直气壮,视若无睹。共同出远门,最能看出孩子们的真实秉性,看到孩子们对待节约粮食的态度,让我内心很是沉重,久久不能平静,也是值得我深思与反思的问题。我们要教育孩子知行合一,言行一致,不失我们的传统美德。

晚上我们去看国际棒球比赛,国际棒球赛场就在加拿大。现场看棒球比赛,场面真的很宏大,尤其是掌声、欢呼声像波浪似的此起彼伏,那场面让人震惊。会场上不时有外国人以及外国小朋友兴奋得手舞足蹈。我前排有一个八岁左右的金发小男孩,激动得不止一次地扭动身体,自娱自乐地陶醉,让人不由得融入其中。而我们的小朋友十人就有三个熟睡了,做起了棒球梦,真是吃了睡,睡了吃。除了对手机游戏长期有浓厚的兴趣,好像对其他事物的兴趣大都是昙花一现,尤其是缺乏持之以恒的毅力。

面对这一天孩子们的表现,我的心情沉重极了。孩子缺什么?不缺吃,不缺穿,缺的是志向和理想。孩子们没有志向,缺失理想就会昏昏欲睡。古人云:生于忧患,死于安乐。这些祖国的花朵,当下的生活过于安乐,犹如温室的花朵,日后何以经受风雨,经受挫折?真的令人担忧。作为校长的我,坚持教育德育为先,立德树人根本任务,坚持立德、立志教育是我从事教育事业不能忽视的永恒主题。

五、对面就是美国纽约州

7月30日,当地时间7月29日。

今天,我们去了解加拿大尼亚加拉大瀑布。尼亚加拉瀑布是加拿大和美国的天然边境线,大自然真是鬼斧神工,一道天堑,使加拿大与美国隔水相望,对面就是美国纽约州,后来两国人民架起了一座大桥,相互通关,友好往来。

这瀑布美极了!水色天蓝,天水相接,水从天上来,真是"飞流直下三千尺,疑是银河落九天"。既能够看到上方水位,水流急速,回旋湍急,又能看到飞流直下的壮观屏风，真是太神奇了！

中午时分，我们乘坐游轮驶入瀑布下落的水潭，近距离感受着世界著名的大瀑布之一——尼亚加拉瀑布。甲板上的游客尽情怀抱着大自然赋予人类的天赐厚礼。有的拍照，有的接受水滴的沐浴，有的放声呼唤，有的指着海鸥赞叹他们的自由和幸福，还有的展开双臂拥抱自然……不多时，游轮来到了瀑布的下方，溅起的水花、水雾、水气连同水滴一拥而上，甲板上众人欢呼雀跃，欢快得无以形容。返回途中，我们看到了对面身着蓝色雨衣的美国人乘船驶入，如此近距离地见到这么多的美国人还是第一次，我和孩子们都很兴奋。我带着孩子们一起向对面呼唤打招呼："Hello！Hello！"对方很快热情地做出了回应。就这样擦肩而过，再看这潭水，让我想到一句诗：桃花潭水深千尺，不及汪伦送我情。此时可以改为：尼亚加拉潭水深千尺，不及世界人民友谊深。

上岸后，返回的路上我们看到了彩虹，先是一角五光十色，渐渐地彩虹升起，成为拱形，最后完全跳出水面，成为了彩虹桥。加拿大是有着大量移民，140多个民族，120多种语言的国家。彩虹桥在中国有这样的典故：神话中，女娲炼五色石补天，彩虹即五色石发出的彩光。彩虹象征友谊桥，真希望世界和平，各国人民都架起"友谊桥"，情感相通，其乐融融。真的是世界和平才是全世界人民的福祉。

尼亚加拉大瀑布游学结束，我带着他们来到一块草坪上，你真不知道孩子们有多喜欢，他们在上面一连打几个滚，躺在上面望着天空，那种享受，你会感受到他们有多么渴望和向往大自然，这也坚定了我的决心：教育要让孩子们经常到大自然当中去汲取力量。学校办学中，我们一定要想方设法为孩子们创造这样的条件，让他们更多地走入大自然，让他们的学习生活中也能够满眼绿色，满眼希望。

六、道不拾遗

7月31日，当地时间7月30日。

"道不拾遗""乞丐不食嗟来之食"，这是中国古典文化中描写的文明

思 旅

和气节。在加拿大研学的这一天，我看了道不拾遗的现象在加拿大同样真实的存在，这种盛世之境，司马光所著古书《资治通鉴》中有记载：卫鞅变法，秦国新法实行十年，路不拾遗。威王四宝，齐威王有四位大臣，其中有个叫种首的，让他来防备盗贼，就会出现道不拾遗的景象。现实生活中，我们身边拾金不昧的事迹层出不穷，来到加拿大，我能够在国外见到这样的真实的现象，着实让我感到惊讶！

我们出去参加实践活动，一次是深圳团的一个男同学将包落在了餐桌上，我们走出了近两公里之后才发现。返回去寻找，竟然找到，取回了遗失的背包。一次是我本人候车时，将手机丢在草坪的条椅上。起身与大家乘车，到了车上几分钟后突然发现手机不在，于是返回去寻找，当我返回去时那里已经聚集了很多人，但手机仍然静静地放在远处，没人去拿它。最后一次是我们回国时在加拿大机场，孩子们在机场内的一处服务区买食品，简单的饮食也便是我们的午饭了。由于大家即将回国，放松了警惕，结果大家吃完起身就赶往安检口，就在快要安检时，我们队的一位同学发现自己的钱包丢在了刚才用餐的座椅上了，当时这位同学就开始紧张，但孩子返回去时，高兴地看到了自己的钱包，回来后给我们炫耀了几下。三次我觉得并非偶然现象，这里的道不拾遗是如何做到的呢？学校教育如何发挥教育功能，让这种现象成为我们今后生活中的一分子，传承中华民族优秀的传统文化，形成富有特色的校园文化，需要我们教育工作者一代接着一代不断践行。

文化的记忆力，文化有记忆；文化有温度；文化有故事；文化有生命力是文化的几大特征。

一所城市也好，一所学校也好，其文化都是有记忆的特性。文化的记忆，留存在建筑、生活日用品、文字记载、老物件等物质之中，需要保护和唤起记忆。

在加拿大多伦多安大略省待了十多天，处处可见文化的记忆，不时勾起无限遐想与追忆。在多伦多市中心 Queen's Park 茂盛的草坪上，一座大楼魏然矗立，这就是安大略省会议大楼。这座雄伟的大楼自 1893 年起即为安大略省议会所在地，他向人们展示着安大略省的历史和悠久的会议传统。

就像这一类的还有很多，如多伦多路面电车系统（英文：Toronto streetcar system）由加拿大安大略省多伦多市的11条路面电车线组成，由市立的多伦多公车局（TTC）营运。系统全长305.8公里，主要集中于多伦多的市中心和湖滨区，部分路线的历史可追溯至19世纪。与现代的轻铁系统有所不同，多伦多大部分路面电车线并未与其他交通分隔。此外，电车通常会像巴士般在各大路口停靠让乘客上落，沿线固定车站也只占少数。纵使如此，部分路线亦如现代轻铁般在专用路段上行驶。在这些老物件中蕴藏着多少不为人知的故事，充满着无限神秘，我们似乎只有通过这些老物件才能去探索追忆这座城市的文化记忆，学校同样也是如此。

无论中国，还是世界各国都会有不同程度的文化记忆，中国长城、上海红船、长征等，都有其文化记忆，在加拿大我同样感受到了异国的文化记忆。因此，历史的遗迹中留存着文化的记忆，需要我们去感悟……

当然了这些感觉仅仅是我们寻找差异，追求文明的美好向往。并非外国的月亮总是圆的，并非外国什么都好。我国从一贫如洗到今天的世界第二大经济体。在中国共产党的带领下，中国人民从站起来，富起来到强起来，我们应该有道路自信、理论自信、制度自信、文化自信。要清醒地认识到我们是什么人，国家就是什么样。

文化只有一代代的传承才具有生命力。就这样一把椅子，普普通通的一把椅子，父辈坐过，这里有父辈靠过的体温，那里有父辈们抓手的手温，留存下来子辈接着坐，让人感到父辈的体温，就这样一代代人延用下去，我们似乎时时都能感受这些老物件上留存的温度，暇想在老物件上发生的故事，用心去感受，传承，文化就有了生命力……其实文化的记忆，温度，故事，生命力之间是相关联的，并不是独立的，我们可以结合起来理解，就会容易多了。

七、教育需要走进孩子，了解孩子

三岁看小，七岁看老！这说明了家庭教育的重要性胜过学校教育。说起家庭教育的重要性，人人都赞同。但是真正走进学生的心灵深处去感受家庭教育对孩子一生的影响真的是难得，很不容易！

一路上，我同孩子们共同参与各种活动，尽可能融入他们当中去了解他们。

天真之笑，童真之趣

加拿大研学随记

走进田园，采一路风景

思 旅

十几天太短，读懂这些孩子就更难，但我深深地感到：一个孩子的背后就是一个家庭，一个家庭影响一个孩子的一生。透过孩子的成长看教育，学生是教师的影子，学生更是家庭的影子。孩子的成长、成人、成才，家庭教育是路基，学校教育是铺路石，自身努力定终身，三者缺一不可。

无论家庭还是学校，教育需要走进孩子，了解孩子。

真的，今天的孩子，我们已经不能再用我们的眼光去看待他们。他们获取知识的途径简直太多、太广泛。他们在知识储备、情感储备、语言储备、交流储备等方面都会是他们年龄的倍数。我们要走进孩子，了解孩子，就要带他们到活动中、实践中。教师真正参与其中，与孩子融为一体，让孩子们打开内心对教师的闭锁，对教师的戒备，真正接受你，和你说实话，说出他们的秘密，让他们和你交朋友，做到毫无保留，无话不说。这样才能真正走进并了解孩子们，才能让学生真正做到亲其师而信其道。

这一次前往加拿大游学的10个孩子，可谓性格各异，个性鲜明，但他们的共同特点就是具有中华民族的某些传统，都很善良。我也有了这次机会，深入了解孩子内心的世界。

沉着与思考

马丁 12岁，5个男孩中他最瘦小，非常机灵，单纯，情感丰富。第一天到宿舍，我提议选一个房主，负责宿舍分管管理。我看了一眼张根卓，他就心领神会。"我选张根卓！"马丁先举手说话选张根卓，大家很快就统一了意见。

出发的当天他倒是高兴，表现得也很阳光。第二天就有点少言寡语，明显有心事。第三天，也就是到达多伦多大学游学的第一天中午吃午饭的时候，他突然来到我们的餐桌上，我见他情绪不对劲，便问他:"马丁怎么不吃饭?"他什么也不说,头低下去,竟然哭了。看来是饮食不习惯,想家了。这一路,他还哭了两次,一次是当天去华人街,走不动的时候,一次是下午吃完饭的时候。看来这个有事藏在心里的孩子,哭是他发泄情绪的一种方式。当地时间27日,我们一觉醒来,他的心情恢复得不错,像什么也没发生,又是一个爱说爱笑,活波开朗的小男孩展现在我们面前。

这家伙,就是个小大人,每天听到他与家人的语言聊天,就会让你感觉到他体贴家人有多么细心。他与奶奶很亲近,每天通话都要问到奶奶,真是个孝顺的孩子。

马稷安 11岁,细高个,小平头,浓眉小眼,眨巴眨巴的眼睛格外有神,性格外向,非常机灵。

他喜欢音乐,葫芦丝是他擅长的乐器。这次到加拿大研学,他带来了葫芦丝,结业时为大家演奏了几曲,大家一片掌声,尤其两个外教老师非常赞赏,他也显得非常自信。他还喜欢跳街舞,一听到音乐就开始亢奋,就开始摇摆,乐感很好,动作协调,舞姿优美,很有天赋。

这家伙人小心大,才五年级就开始青春萌动,非常喜欢和女孩子聊天,爱往四楼女生宿舍跑。有一天晚上,他竟然又单独跑到女生宿舍里去玩。而且还给同行的5个女生同时发微信

葫芦丝传真情

说:"我每天给你发微信!"结果穿帮了。女生都讥笑他,但是还是粘着她们一起聊天。有一天下午崔湘雨闹肚子,他陪着去了女生宿舍,还像个小大人似的,很会关心人。他对女生的议论,都是外界信息的一些叠加,没

有构建起一种独自的理性的思考。我时常有意无意地和他聊天，引导他还小，心思要转移到学习上，他每次都点头认同，但事后又会忘记。对于他，他的内心有许许多多对我来讲不为所知的想法，我真的是不能理解，也不可思议。

他的父亲跟我很熟，属于六七十年代的传统型的父亲，对孩子非常严厉。应该说他们父子之间交流有代沟，至少马稷安不会把心中的真实想法和他的父亲交流。马稷安在家排行老二，还有个哥哥。他父亲老是和我聊起关于马稷安的一些事情，在他父亲的眼里，马稷安最多就是提前步入了叛逆期，不愿意和父亲交流，至于这一路上马稷安暴露出来的这些真实自我，他的父亲是不会知道的。我不知道他所在的家庭对于他的成长是怎样的环境，但是我总有一种感觉：马稷安的个性，还有他离开父母之后表现出的真实，一定是家庭教育的结果。

笑对未来

张锦一 中等身材，戴副眼镜，很有主见，爱说爱笑，思维缜密。

一天，他告诉我：他的哥哥在微软公司上班，干得很不错，而且他自己也很喜欢计算机软件。"你好好学习，以后可以自己做微软开发集团的董事长。"我引导他说，"到时候把我聘去当职员，可以吗？"我又顺口问了他一句。

"你让我怎么回答你！"他困惑地看着我。

"我说聘你吧，到时候你那么大年龄，微软科技发展很快，你能胜任工作吗？"他看了我一眼接着说，"我不聘你吧，你是校长，那多不给你面子呀！所以，我怎么回答你都很尴尬。"

我没想到他会这样回答我,把我逗笑了。

他很喜欢小动物,尤其喜欢小蚂蚁。每次在草坪上,他都要斗蚂蚁。总是把蚂蚁放在手上,让蚂蚁在他手上爬来爬去,他认真观察,乐此不疲。时而还给我讲一些有关蚂蚁的知识,什么蚁王了,什么蚂蚁喜欢吃甜食了……他对蚂蚁的知识了解得很多,也看得出他对小蚂蚁情有独钟,甚是喜爱。

我始终觉得热爱自然、热爱动物的孩子一定会是生活充满情趣,有爱心的孩子。所以我们要创设条件让孩子亲近自然,接近小动物,丰富孩子们的童真童趣。这也是我为什么要执意在盛元小学分校区——北湖校区(后改名为利通区十六小学)打造园林生态校园,让校园有树、有花、有草、有动物,营造人与自然,人与生物和谐共生的校园环境的缘由。

杨星紫 12岁,贵族女孩的气质。仅仅12岁,她身上就有一种涵养的厚度。很沉稳,很有想法,她表现出来的总是与年龄不符合。1-6年级,她在学校学习生活成长变化非常大。6年级毕业不到2个月,让我更是另眼相看。让我感到她突然变得很是成熟,好像在她身上积累了多年丰富的经历,让她积淀了丰富的内涵修养、涵养、气质都与众不同。平时与她交流,我发现她酷爱绘画,在她的手机中有自己创作的人物素描作品。她的目标追求就是将绘画作为自己事业的终身探索,而且她已经默默在努力付出,每天坚持绘画,一有时间就会在一个笔记本上画。因此,绘画也成了她这一路研学的重要组成部分。她给我看了她的许多创作,我也亲眼见过她的即兴绘画,线条流畅,比例协调,表情丰富,一气呵成,让我不由赞叹。

她戴副眼镜,穿着很搭调,很文雅,言谈举止高雅,谈吐不凡,文文静静,她身上表现出的是一种知识渊博,文化女性的典雅,腹有诗书气自华。一路上,不大愿意与大家凑热闹,但是,大家都喜欢跟她聊天。因为,大家自觉与不自觉围绕她讲的话题都很快凑过去听她讲,就像听她讲故事一样认真。

崔湘雨 性格外向,大方泼辣,喜欢热烈的街舞,父母做生意,家境不错,出发的时候除了每个孩子准备的三百加币之外,崔湘雨的妈妈单独

思 旅

还多给她带了零用的加币。

平时着装搭配的超前、时尚、现代、开放，总是有女汉子的感觉，就连她自己也经常这么评价自己。但有的时候却又很文雅，南方女子的淑雅（淑女气质），北方人的豪迈粗放，在她身上都能找得到。当地时间7月28日早上上课前在草坪上踢足球，还差点与马稷安打起来。中午吃饭，碰到了宁夏石嘴山三中的学生，差点因三中学生强占我们学生的座位争吵起来。她的语言中有男神、兵哥哥、帅哥，看到草坪上亲密的情侣，她会关注，也会说："看他们多亲密呀！"什么"情人"，什么男朋友等是她表述中经常出现的用语，喜欢斗男孩子，这些在她身上流露得比较多，我真不知道初中三年、高中三年她会变成什么样。

这就是她，有时文雅，有时疯疯火火闯九州；有时内向，有时火辣，真是一个让我难以理解的女孩。

张根卓 这孩子看似邋遢，外表显得吊儿郎当，其实内心细腻，很会照顾人，思考问题很周全，胆子大，主动性强。

说他内心细腻，会照顾人。当地时间27日，我实在是不想吃晚饭。他见我没去，便带了两只鸡翅回来给我吃。晚上我带他们四个到户外走走，出门时马丁在沙发上睡着了，叫不起床，张根卓便拿来自己的外衣盖在了马丁的身上，安顿好后，我们才放心地出门。

说他邋遢，其实他很细心。当地时间28日早晨，我对同宿舍的三个小朋友挨个叫起。不比不知道，经过比较我发现张根卓的房间干净整洁，桌子上的用品合理分类，摆放整

演奏者

齐，衣物、鞋袜没有出现满屋子到处都是的现象，摆放比马稷安的有序多了。

说他胆子大，主动性强。是因为每天与外教老师交流，他是最积极主动的一个，而且一有问题就去请教外教老师。虽然不是很流畅，但他敢于表述，慢慢地，交流就显得容易多了。

他很聪明，总是能摸清我的一些意图，所以经常故作淘气不听话。有一天，我憋了他一天，不跟他说话，他居然说我偏心，要和我断交，当场就把我的雨伞从包里拿出来交给我，不帮我背了。可那一天，他又有好几次主动与我搭话，但我都忍住没理他。

就是行动自由放荡，别人睡觉他不睡，专拍别人睡觉的窘样。等别人要出发了，他又赖着不起。有时候睡在别人身上，有时候靠在电梯入睡，有时候走路入睡，好几次碰到对面的行人。有一次晚上看完棒球赛睡得迷迷糊糊，出来后差一点走丢了。马丁这样评价他："张根卓就连走路都能睡着，我真是服了！"

聪明、暖心、调皮、淘气、不听话，让人"讨厌"的张根卓。

张瑜阳 2007年生，她喜欢唱歌、跳舞，在学校是年级主持人，性格开朗，活泼可爱，整天见人就抿嘴一笑，团队的伙伴们都叫她"小可爱"。在参加国际人文交流的孩子中，她的年龄最小，像个可爱的小公主，是大家照顾的主要对象。在活动中她总是跟在哥哥姐姐的身后学习、玩耍，身上的稚气未褪去，显得十分稚嫩，大家都非常喜欢她，也都非常照顾她。

她可爱、懂事、有艺术天赋，家人对她的培养非常重视，给予了很大的支持。父母离异，她随着妈

难忘的加拿大研学

思旅

妈和奶奶一起生活，奶奶对她的照顾可谓无微不至，造成了她的独立能力弱了一些。听马莉主任说：在宿舍喝饮料时，不小心将一大杯饮料打翻，外套前襟大半部分被饮料泡湿，她眨着大眼睛，手足无措地站在那，不会自己解决处理。老师说帮她解决后，她才如释重负，将外套清洗后，她瞬间又变成了快乐的、无忧的小洋洋。就是这样一个依靠家人习惯了的"小洋洋"，看似快乐，无忧无虑，她的内心有着怎样的变化和掩饰，不为人所知，只是隐约感到她的一丝丝不自信。因此，我们一路上都给她创造机会，让她展示才艺，谈研学感受，与伙伴们展开游戏等，有意识地加强对她的锻炼，有时走不动了想撒娇，我们就鼓励她不断坚持。就这样在大家的关照下，她很是坚强地完成了研学任务顺利结业。

经过短短十几天的异国学习、生活，张瑜阳的独立生活能力在一点一点地提高，这也是我们此次带队研学很是收获和欣慰的！

研学结业的瞬间

吴泽彤 2006年生，性格外向，活泼开朗，笑容灿烂、笑声脆亮，总喜欢和男生玩闹。她的气质和她的爱好一致，热情、豪爽。她常和王嘉芮一起在学街舞，跳起舞来动感十足！

一路上，这个孩子带给我们很多欢乐，让我们这个团队充满了生机与活力，是团队的开心果。

晚上休息前，带队老师总会挨宿舍了解孩子们的身体状况，提醒他们做好第二天的外出学习准备。但让人操心、无奈的是，当靠近小泽彤的宿舍时，总是未见其人就已闻其声，那声音辨识度太高，一听就知道又是这小家伙在宿舍玩闹。走近后果不其然，动感的舞蹈、高声的吟唱，逗得宿舍里的其他孩子笑得前仰后合。当看到老师后瞬间变成乖巧的小猫咪，眼睛一眨一眨地让人不忍批评。

王嘉芮 2006年生，她文静、温柔，喜欢跳舞，总是安静地紧跟在队伍中，常能看见她露出温柔的笑容。几天的研学出行，我们逐步发现她的兴趣爱好与她的外表截然不同，她学的是街舞。跳起舞的动感状态让人惊讶，那种状态与她的面容气质完全不吻合，看她的表情，哪里像个喜欢街舞，而且还跳得非常好的孩子。

她常常悄悄跟在吴泽彤旁边，也许是因为兴趣相投，两个人总是有说不完的话。偶尔会看到两个小家伙嘀嘀咕咕，继而相视一笑。当听到路上有动感音乐响起的时候，你会看到王嘉芮眼里那

美好的回忆

种憧憬，小脚不停地滑动，小胳膊也在随着音乐摆动，常常陶醉在动感音乐里，陶醉在自己的世界里。

研学任务结束的前一天，我们给孩子创造了一次展示自我的机会。在小小的舞台上，小芮芮和小泽彤展示了精彩的自己。最出人意料的是，平时温柔的小芮芮舞步竟是那么奔放，浑身散发着自信的光芒。舞台上的她就像一位王者，征服了我们这些观众。

思 旅

小证书，大志向

杨毅 2006年生，性格活泼、待人真诚、与人温和，长了一对笑眼，身上时时围绕着快乐的气息，总能和同伴快乐相处。同龄中他属于晚熟的那一个，心智简单，总觉得事事美好，不用计较。

他求知欲特别强，每次外出活动时，凡有讲解听得都特别认真，生怕落下一个字。同时，他还是一个乐于助人、有团队合作精神的孩子；当同伴需要帮助时，他总是义不容辞。

用餐休息时，也属他最活跃，调动气氛这事交给他，我们是最放心的，因为他总能恰如其分又不失仪态。活力四射的外表、真诚待人的心总给身边的人带来美好舒服的相处模式。

唯一令我们遗憾的是，这次研学活动，孩子的母亲不放心孩子，选择与孩子同行。所以一路上孩子的独立能力未完全得到锻炼，心中总有依赖，行动力上还显稚嫩。

这一路上，孩子们给我说了许多学生的秘密，我所不知道的秘密；这一路上，孩子们用自己的理解去拍摄，每个人都拍到了许多好的照片，我发现他们各个还都是摄影师；这一路上，孩子们用他们自己的方式学习、领略异国风情，研学结束时，孩子们已经打成一片，少了许多内心的有意掩饰，交流的欢声笑语，各个都很开心。

十五天，学习着、观察着、收获着、感悟着，"独在异乡为异客，每逢佳节倍思亲"，虽然不是佳节，但有一种感觉也十分强烈：那就是举目无亲，回"家"的感觉真好……

走进朝阳小学

2020 年 12 月 21 日

  朝阳小学是吴忠老百姓向往的名校之一，对我而言，不曾在这里上过学，也不曾在这里任过教，如今走进朝阳小学，与之朝夕相处，既没有做好心理准备，又没有足够的储备，有的只是空白和未知，更多的是敬畏。因为敬畏，所以需要我慎思笃行。

  2018 年 3 月 9 日，上级组织来到吴忠市朝阳小学宣布了我的任命——吴忠市朝阳小学党支部书记、校长。虽然已有六年校长任职的经历，但那一刻我却有点惶惶然，不知如何从灵魂深处去触及这所百年老校。

  上任一周后，一位临近退休的副校长薛志敏带我参观了当时仅有 90 多平方米的校史馆，给我一一介绍那些人、那些事，聆听、感受之后，直觉让我意识到搬入"新"校址（即原朝阳老校址合并吴忠中学校址后的新校园），进一步挖掘校史，追忆那人那事，亮响朝阳小学百年文化名片，让文化立校、文化兴校是历史赋予我任朝阳小学校长的重任。走进朝阳小学，学校犹如一本厚厚的书，小心翼翼地打开，其厚重的历史文化，无以言诉的故事以及朝阳人身上折射出的精神，一一浮现，令人肃然起敬。老一辈朝阳人留下了丰厚的文化遗产，那些有形的、无形的、物质的和精神的财富，如何成为活教材，如何成为一代代朝阳人的教科书，成为朝阳人心中的自豪，成为我铿锵的目标和信心。

  2018 年是朝阳小学创办的一百零一年，是承上启下之年，是新百年的起始之年。在两个百年的交汇点，我走进朝阳小学，对我、对学校都有着特别的意义。对于我这个之前对朝阳小学只是略知一二的校长，又将面临极大的挑战。

  2018年，是朝阳小学步入新百年的起始之年。站在新百年的起点，学校带领新时代朝阳人追忆历史，把握时代脉搏，坚持"立德树人"根本任务，秉承"办影响孩子一生的教育"这一核心理念，实施"多彩教育"，建立完善"无边界管理""多彩课程""多彩评价"三大体系；全面培养学生的核心素养，突出创新素养；转作风、严教风、浓学风、正校风，提升学校办学品位，开启朝阳小学新百年新征程。对我来讲，也是我办学思考的新长征路。

"百年朝阳"何去何从?

新时代做朝阳小学校长的"四亮"管理观
2018 年 3 月 20 日

2018 年,朝阳小学和时代同呼吸共命运,伴随着时代的发展同步进入了新时代。3 月 20 日是我到朝阳小学的第十一天,通过看资料、翻阅校志,听老同志讲述,渐渐对朝阳小学有了些许认识,经过深入思考,我决定在全体教师大会上亮明我到朝阳小学实施学校办学的初步观点,于是召开全体教师教育工作大会,我做了题为《"百年朝阳"何去何从?》的讲话,阐明了自己的初步认知和观点。

全体教师、同志们:

大家好!我是 3 月 9 号到任朝阳小学,今天是第十一天。组织两个校区全体教师召开这次教育工作大会,一方面是想与大家集体见个面,另一方面也想让大家悬着的心尽早定下来,静心教书,潜心育人。大家一定也期盼着我在全体教师大会的发声。"新官上任三把火",一定想知道我要烧哪三把火?第一把火往哪里烧?我始终崇尚"玩火自焚",所以大家也不要再猜,"火"我是不会烧的,也就不存在"三把火"。但是我觉得我应该给全体教师亮明我的四个观点,做到四亮,点燃全体教师的工作热情和激情。

一、亮文化

学校的管理大体分三个发展阶段:一是人的管理走向制度管理的阶段(靠人管理的阶段);二是制度管理走向自我管理的阶段(靠制度管理的阶段);三是自我管理走向文化管理的阶段(靠文化管理的阶段)。我觉得朝阳小学应该是走向了靠文化管理的最高阶段。百年朝阳,有着优良的传统。

思 旅

一百年来，朝阳人"勤勉务实、自强不息"，"团结、文明、进取、创新"，"敬业、爱生、博学、严谨"，创造了朝阳小学百年的辉煌。追忆百年，据了解退休教师当中，像当年主抓数学的杨淑芳主任，还有白薇、赵淑琴、兰景梅、常建峰、闵学萍、朱翠云、杨玉梅等一些教师，无论是语文、数学，还是综合学科，无论在职教师，还是离退休教师，他们身上正能量的传播影响着年青一代，使一代一代朝阳人编绘着朝阳小学的百年故事：那些年每年全市教育系统文艺汇演，舞蹈队学生的衣服装饰，道具灯笼上的流苏、晶片，花车上的纸花都是综合组的老教师带领其他组教师亲手缝制；正月十五花灯展是学校美术组教师自己设计，买来钢筋在朝阳小学院子里自己电焊制作出来的；每年第二学期的六年级升旗活动，老教师都是自己写稿子，亲自上台和学生共同朗诵，留给母校毕业前最后一份厚礼，曾经感动了多少师生！朝阳小学一直崇尚团队精神，就拿数学老师来说，每个年级3名数学老师，每天早上不管谁先到学校，六个班的黑板上出现的是一模一样的题。教师参加竞赛，背后都有一个强大的团队。这些历史，这些故事，这些成就感是朝阳的文化，也是朝阳人的自豪，我们应该永记历史，而不是自我忘记，让历史遗弃……

那些年、那些人、那些事，有的模糊不清、有的渐行渐远、有的历历在目，让朝阳小学的第一个百年有深度、有温度、有故事、有文化。用老朝阳人的话来讲那就是朝阳人的"四观"很正：人生观——"因为缘，牵手朝阳；因为爱，耕耘朝阳""乐在杏坛终不悔，只为桃李吐芬芳"。价值观——"精益求精，追求卓越"，"校因师而立，师因校而名"，"把快乐谱成一首歌，把幸福绘成一幅画"。教学观——坚持教学相长，在师生交往中发展自己；坚持教学研究，在把握规律中端正自己；坚持取长补短，在借鉴他人中完善自己。育人观——"以德率人，以爱化人，以学塑人"，"让每个学生扬起希望的风帆"，"到社会中去铸造健全的人格；到大自然中去汲取生命的营养"，"书读万卷，凤鸣朝阳"等。从这些老朝阳人的话语中，我们清晰地感受到了百年朝阳人的人生观、价值观、教学观、育人观。当在座的大家听到这些耳熟能详的话语时，我相信大家的心中都会荡起不一样的涟漪。记忆中的自信、自豪，伴随学校的搬迁，到底还留存了多少，还能留存多久。从今天起我想真诚地邀请大家追溯自己脑洞中的记忆，用心、用笔追忆流失的岁月、模糊的记忆、淡忘的故事。朝阳小学包括八校在内，我们一定要旗帜鲜明、理直气壮地亮明"百年朝阳"这张文化名片，传承文化，弘扬文化，树立文化自信。

二、亮方向

一百年的历史，一百年的风云变幻，两个百年的承上启下，我们从哪里来，要到哪里去？朝阳小学曾经辉煌，现在辉煌，未来能否辉煌？重任压在我们每个朝阳人的肩上。新时代，不忘初心，牢记使命，追求朝阳小学第二个百年奋斗目标的精神力量何在？如何发挥"百年朝阳"的资源优势、文化优势，辐射带动集团化分校的同步发展，都将是摆在我们大家面前的新问题。

来到学校11天的时间，通过听、看及查阅史料，也想尽快了解朝阳，走进朝阳，但朝阳的厚重让我在短时间内根本无法做到这一点。再加上学校走向集团化办学，辐射八小、十四小、十六小等分校，而且面临本部今秋明春即将迁回老校址，所以，今天我只能把自己的初步想法给大家亮明，让大家既明方向，又明心、定心。在人人都是麦克风的时代，学校上下的发声一定是步调一致的一个声音，希望大家不要说三道四，评头论足，发出不和谐的声音。

过渡时期，我的工作总基调是：植根传承，稳中求进，推陈出新。基本原则是：内抓管理提质量，外抓形象树声誉。围绕教育局十抓十提升和教育局2018年工作要点，以及学校规划，顺延原来工作思路一切不变，落实好18字目标任务：懂政治、保安全、立师德、强师能、树校风、提质量。

三、亮态度

对待事业，我的态度是在其位，谋其职，不吃凉粉，板凳子让开。

对待中层，我的态度是率先垂范，吃苦在先；以师为本，做好服务；

不与老师争荣誉，真抓实干出业绩。

对待教师，我的态度是：尊重，关心，爱护，保护，决不袒护。发挥每位教师的潜能，激发人人为朝阳小学的发展"日出而作，日落而息，逍遥于天地之间而心意自得"的精神状态，同耕耘，共分享。

以上三个层面，我总的态度是严以做事，宽善待人。但也不会是无原则地一味让步与妥协。抓大放小，大事讲原则，小事讲人和。对于阻碍朝阳教育事业发展的绊脚石，我的态度是毫不犹豫地一脚踢开，即便是踢疼了脚，也会面对顽疾，敢碰硬敢担当，宁可不干，也不会助长歪风邪气；对于久病不医的人和事，我会以断腕之势，刮骨疗伤，坚决树正气，树公平，树仁爱，树团结。习近平总书记提出：事业是干出来的，幸福是创造出来的……不干事，还处处想好事，甚至是糊弄事，在我面前可以说是没门的事。

四、亮利剑

我的利剑就是觉得十八大以来出台的八项规定以及师德师风相关规定。多年来受大锅饭、铁饭碗思想的影响，教师中的庸、懒、散，消极思想，沉迷于赌博，酗酒闹事，校闹现象，乱订教辅资料，体罚和变相体罚学生，教师性侵学生，出差想绕道多报销，有违师德靠调座位吃、拿、卡、要等现象，全国许多学校都不同程度不同形式地存在，当然我们谁敢肯定地说一项都没有。八项规定出台以来，我们的行为有所收敛，但是意识上没有完全消除，还留有侥幸。这些事情从教育厅、教育局上上下下逢会必讲，但是屡禁不止。因此，结合《中小学教师改革》《教师八不准》《教师师德师风》等相关规定，希望大家严格遵守。我相信，如果有谁不守底线，触碰红线，那将是他教育生涯的死亡线。

"教师是太阳底下最光辉的职业"，"教师是人类灵魂的工程师"。这些我们教师最光荣的称号，受社会一些不良现象的侵蚀，我们正在悄然走向自毁声誉的边缘。我到朝阳之前，有些人就跟我说：有的个别教师依靠朝阳的社会声誉，不说是大肆敛财，也是尝尽了甜头，有些行为非常恶劣。

社会对教师出现了诸多批判，抵毁教师形象，抹黑教师声誉，原因是什么？归根结底是有的教师不自重。不自重，就永远不会受人尊重。

　　我希望听到的流言蜚语只是传言，而且过去的就让它过去，既往不咎。过去的我不看，我只看大家的现在和今后。今天我将这些规矩挺在前面，如果有谁还敢为之，那我就让相关部门调查，我不跟你口舌拉锯，违反各级师德师风相关规定我决不袒护，决不姑息。先礼后兵，先君子后小人。这也是我今天要亮给大家的利剑。

　　今天给大家亮明了今后我们一定要亮响"百年朝阳"这张文化名片，坚决以利剑惩处不守底线、触碰红线的人和事，顺利完成过渡期的目标任务。实际上我干副校长五年，德育教学一起抓。校长六年半，其中六年就是在盛元小学。干过后勤总务，出纳、会计，2004年拿的会计证，也就是去年没有审，是杂货铺子里走出来的掌柜，啥都知道，啥都不精。所以，还需要大家全力支持，只要大家想干事，想干好事，我会全力以赴搭建平台。在第二个百年的首岁之年，众人拾柴，用朝阳小学第一个百年朝阳人追求教育事业的精神之火种点燃朝阳小学第二个百年的火把，星火传承，开启朝阳小学的新百年、新征程。

在教师的记忆中再识朝阳

2020 年 12 月 26 日

作为党支部书记、校长,我肩负朝阳小学两个百年交替和未来发展的重任。要想尽快了解学校、了解老师、了解学校文化,进一步完善定位朝阳小学未来发展的办学方略,就要听老师说,让老师写,从老师的语言文字中深层次走进朝阳。于是,两个百年承启之际,历经半年时间,激发朝阳小学全体教师辛勤笔耕,挖掘朝阳小学百年历史中能够体现朝阳精神和文化内涵的经典故事,编印出版《记忆中的朝阳》回忆录一书,全书共99篇稿件,内容涉及学校发展战略、人才培养、教师队伍建设、学校管理等各个方面。开篇是还有半年即将光荣退休的副校长薛志敏的文章《情系朝阳》,文章写道:"夕阳无限好,只是近黄昏","明知夕阳晚,无鞭自奋蹄"。马红花老师把学校视为自己成长的摇篮。闫继芬老师在《我心灵深处的家园》中写到:记忆中的老校区是个方方正正的院落,中国红的大门古朴、典雅,金色的牌匾透着书卷气。走进校园,东西各有一排整齐的平房,是老师的办公室,我记忆中的老师衣着得体,说话轻声慢气,下课的时候,

总见他们安静地坐在办公桌前批改作业，太阳的光芒从窗户射进来，被细细的纱窗筛成斑驳的光影，洒在作业本上，洒在老师的发梢上，洒在窗台的小花上，为办公室增添了几分深邃的美。沈丽萍老师在《做一名幸福的教师》中写到：每逢走进校园，我总不由得放慢脚步。透过绿树掩映、古色古香的校园，我仿佛又回到了二十年前，坐在长板凳上聆听张宁芳老师上课的情景。她回忆了做徒弟时听课上课的情景。杨晓华写到上学时影响最深的老师，以及朝阳小学在孩子们心中绽放的那份美。杨蓉老师在《朝阳精神助我成长》中写下：这是最辛苦的十年，也是最充实的十年，更是最骄傲的十年！在今后的教育教学工作中，我会更加严格要求自己，努力工作，发扬优点，弥补不足，开拓进取，将朝阳精神延续下去。张蔚老师在《一次次感动汇成别样"幸福"》中写到：当我们把每一次感动揉进心灵深处成为幸福的体验时，我们就会喜欢这份职业。教书生涯虽苦虽累，但是此种"幸福"的意蕴并非一般职业所能体悟到的，让我们一起在生活中捕捉每一次感动，为善良和美好的人性感动，为高贵的情怀感动，为生活中的点滴感动，去品尝教师那份独特的幸福吧……

　　杨文姬老师在《槐花飘香》题记中这样写到：我们常常会说，有什么地方很值得留恋和怀念。其实，我们留恋的根本不是那个地方，而是在那个地方度过的时光，和陪伴我们度过那段时光的人。

　　这个题记写出了学校文化的内涵。其实，走进学校最难的就是走进那些年那人和那事，因为时代距离我太久远。拜读老师的文章，拉长了我了解朝阳小学的认知年代，是更为广泛的、更加系统的对朝阳历史的回顾。

　　在教师的笔尖回顾"百年朝阳"，"百年朝阳"文化将成为学校发展的不竭动力。从"百年朝阳"的发展历程中追寻，朝阳人的人生观、价值观、教学观、育人观脉络清晰可寻。这"四观"浸透着朝阳人记忆中的自信与自豪，亮响"百年朝阳"这张文化名片，传承文化，弘扬文化，树立文化自信，是学校今后发展的源头活水。

　　在教师的笔耕之下再识朝阳小学，朝阳小学"多彩教育"所倡导的教育理念是"办影响孩子一生的教育"。在我们朝阳人看来：孩子的这一生是

思 旅

礼让包容文明的一生，这一生是腹有诗书气自华的一生，这一生是充满活力积极上进的一生，这一生是追求生态和谐的一生，这一生是富有创新的一生，这一生是文化积淀的一生……这一生应该是多姿多彩的一生。百年来，朝阳小学的教育方法、教育策略、教育载体、教育途径等，可以说是体现为一个"多"字，追求的教育实效体现在一个"彩"字。为此，"多彩教育"成为一代代朝阳人曾经的追求，也是朝阳人新时代、新百年的教育梦想。

身处两地追忆朝阳

（2020年8月13日凌晨5：00-10：00）

  2019年是朝阳小学历史性转折的一年，学校迎来乔迁之喜。每一所学校的历史和文化，伴随着历史的发展不断更名与迁址是常有的事。朝阳小学也不例外，其建校于1917年，经历了七改校名，于2019年5月完成了记入史册的五移校址，而且是迁回了阔别7年的老校址，合并了早先的吴忠中学，后吴忠四中校址，成为朝阳小学新百年办学的"新"校址。

  由于种种原因，师生只能从西边原中学的校门出入校园，搬校之初忙于思考校舍功能、教育教学秩序的恢复，却忽略了依托文化传承来唤醒朝阳师生追忆朝阳历史，对百年朝阳心生敬畏，文化传承的细节——那就是师生从哪里出入才能真正感受朝阳小学的百年文化气息？时至今日（2020年8月13日凌晨5：00），通过从东面临时大门反复出入，再与近一年从西门出入校园的感受相比，才深深发现一年来的校园生活为什么会身处朝阳却距离朝阳小学的记忆那么遥远，为什么身处朝阳，却多了中学的影子，少了对朝阳情感的追忆……虽然迁校后第一时间发动全体教师回忆朝阳生活，编印了《记忆中的朝阳》一书和《百年芳华》宣传片，但此时看来，那仅仅是一种短暂的激发，之后就如同书的沉睡，并没有达到长远、长期唤醒的目的。一年多来，总有一种身处朝阳却距离朝阳越来越远的感觉，今天看来似乎是中学的眷顾，似乎只是在中学留宿，并没有真正意义上从内心深处回到朝阳小学的家园。文化的深度与温度润物无声，先入为主，难道还真是这么个理？

  抱着身临其境再次感受的急切心情，一大早，我怀揣凌晨时分的感受，早早从东面临时大门踏入校园，就是想试试在家中的思考与置身校园真实

思旅

感受的差异！

　　雨后，百年朝阳的清晨，微光照射，厚重中夹着清新，沉静中涣发朝气，深深地吸一口气，这是朝阳小学的气息，沁人心脾，那才真叫舒服。一进大门直入眼帘的就是让人仰慕的两位近七十岁的老人——"大槐树"。眼前这两棵大槐树栽种于1954年，已有66岁高龄。据记载，东边大槐树旁边还"别有洞天"：在那个"深挖洞，广积粮"的年代，这里曾挖有一条一米多深、六十多来长的防空洞，并与周边各个防空洞相连，北面通向老地区大院，西面通向医院。这个防空洞是60年代毛主席指示在全国范围开展群众性防空洞和防空壕挖掘活动，储存粮食、布匹，"备战、备荒、为人民"战略的历史见证。曾经体育课上学生的篮球不慎滚进洞内，体育老师王振强用了2天2夜时间将洞内水抽干，那时多少学生都想对这个神秘的洞口一探究竟。六七十年代时，东西两棵大槐树中间正好是学校的礼堂所在地，大槐树下是每年日常活动、运动会、儿童节、集会的"闹市区"。它承载着每位朝阳人的记忆与梦想，属于朝阳人心中的AAAAA级景点，已成为朝阳人的精神之树。

古槐无语见证百年杏坛史

老一辈的朝阳人无不深情地回忆："相见之时碗口粗，相别之日如井口，代代青丝成暮雪，唯有朝阳不老槐。"她们见证了朝阳小学的变迁与发展，见证了一代又一代朝阳人追求卓越，奋斗不息的精神。驻足凝视她们，仿佛看到她们伸开双臂环抱着孩子们膝坐在身边，欢声笑语传遍校园；时而看到她们拉着孩子们边走边聊；时而看到她们手捧书本和孩子们端坐在那里；忽而听到课间铃声响起，看到了她们挥手招呼着孩子们在校园里嘻笑游戏，顿时整个校园热闹了起来……久久仰望她们，对大自然、生命、学生、老一辈朝阳人的敬畏油然而生！她们慈详可亲，心静如水，淡泊名利，捧着一颗心来，沐浴阳光，栉风沐雨，汲养大地，朝夕陪伴着朝阳学子，多少年来与世无争，默默守候着这所校园。

学校文化的特质

2020 年 12 月 25 日

学校文化有它的特质，体现在承载沉淀历史，唤醒记忆，启鉴后人、激励奋进。

学校文化的特质就是学校要有学校的样子，它是教书育人的地方，它是文化场，学校切不可失去本来的面目，变为派出所、医疗站、禁毒所、各单位的宣传所……韩愈的《师说》中讲到："术业有专攻"，有些工作不是学校教师的专业特长，甚至有些工作并不符合儿童成长的心理特点，如禁毒进校园，也许会激发孩子的好奇心，适得其反。所以，校园要还教师清静，让教师真正做到"静心来教书，潜心来育人"，不能各种进校园喧宾夺主，堆满宣传牌，五花八门，成为一换校长就铲墙的理由，成为文化场所却是文化流亡的悲剧。

学校不同，学校文化就会有完全不同的特质。一所学校有一所学校的文化特质，朝阳小学的文化特质应该就是朝阳的，是其他学校所没有的。学校文化如果放之四海而皆准，那就会失去学校文化的特质。一年多来，穿梭于两个校园（老朝阳和原吴忠中学、后吴忠四中），相互对比，这一体会与日俱增，而且会根植于我今后对学校文化建设的思考中。

学校文化的历史（承载）沉淀，是学校文化寻根溯源的重要部分。文化寻其根，无根之文难以教化于人。文化失去其根脉，也就失去了其历史积淀的厚重，也就抹去了历史对学校日常工作真实的记录。站立校园所思所想，也让我想起一人一事。图中两位领导（右二、三）在时任吴忠市教育局周少云局长的（右四）陪同下来到朝阳小学（原政务大厅校址）。他虽然没有表明来意，但后来我深知他为何而来。2019 年 3 月的某一天，他因为工作需要到吴忠，临行前受朋友之托，到吴忠市朝阳小学拍一些学校照片，带回去通过照片了解学校的现状，回顾在朝阳的那段任教经历或是学习生活。结果到学校看到迁校新址（原政务大厅校址），老校面目全非，便没有了久留的念想，匆匆在校牌前合影离去。当时我在北师大校长高研班学习，听到这则信息的那一刻，让我心疼，文化没了根意味着历史的断层，人事皆非，来人是帮朋友寻文化留存，而不是来看学校之新，更不是看学校现状多么漂亮，建筑多么壮观。一所学校没了文化记忆，它的百年历史便会显得苍白无力。一所学校的文化记忆许多都会随着历史浸润于校园的一草一木，所以，学校尽可能在原校址扩建，非不得已不迁校。朝阳小学是幸运的，由于吴忠市教育工委以及时任周少云局长的决策，学校历经五易校址，再次于 2019 年 3 月回到有着近七十年历史的老校址，这里光阴荏苒，沉淀了事事艰难，也记录了岁月静好，让这所百年老校找到了未来发展的源头活水，也让我再次坚定了挖掘朝阳小学的办学历史，再现朝阳小学百年文化的决心，史载当下，功在未来。

受朋友之托，寻找记忆

学校文化的记忆唤醒，是学校文化的重大意义。因为只有回到曾经生活多年的地方，才能时不时地勾起对陪伴我们度过那段时光的人和往事的回忆，真的是蓦然回首那人总在校园中，举手投足，谈笑风生，总在眨眼中。

回到阔别 7 年的"家"，在这个家生活过的老师都很激动，也倍感亲切，就连老家属楼居住的退休老教师——朱文伟夫妇俩都时时在自家后阳台上看学校迁回老校址，校碑如何坐落。他看到将搬运过来的校牌摆放的位置，也认为搬过来的校碑放在现在的位置意义深远，因为校碑所摆放的南北中线是老校区和原吴忠中学校园的公共院墙，一块校碑跨两校，是2019年第五次迁校的历史见证，学校既迁回老校址，又扩充了原吴忠中学（后吴忠四中）。作为朝阳小学新百年办学的"新校址"，使朝阳小学成为吴忠市区校园占地最大的小学，成为吴忠市区乃至全区能在原校址扩大办学规模，寻回近七十年校园文化根脉的小学。

期盼与叮咛

老校址不仅仅牵动着退休的、在职的每一位朝阳老师的心，也牵动着朝阳小学毕业的千千万万学子们的心，更牵动着社会各界人士的关注，因为这里能够唤醒所有人的记忆，激发所有人对历史的无限回顾。回到老校址，常常听到有老师讲：东边老槐树正北方向六米左右是防空洞的洞口位置，通向地区大院、医院等地，曾经学生通过地道去医院拿来处方单做练习本。有的老师讲自己初到朝阳小学任教，拜师学艺的情景，折射出老一辈朝阳人追求教育教学精益求精，一丝不苟的精神。

在老师们的诉说中：卫班员、田淑贤、郁慧海、杨淑芳主任，还有白薇、赵淑琴、兰景梅、常建峰、闵学萍、朱翠云、杨玉梅、朱文伟等一批优秀教师再次频频出现，他们敬业爱生、求真务实的探索精神一次次感动着我，勉励着我，也激励着每一个朝阳人。

在教师的诉说中，我了解到：2008年奥运会火炬在朝阳小学师生手中传递，学校体育教师李红明担任火炬传递手……这一重大历史时刻留给全体师生的那份激情，还有难以抹去的自豪。

听前任金星校长讲：2012年搬出老校园时，有些老教师在院子里相拥而泣，含着泪离开了这所校园。如今重返老校园，当年各自内心所诉说的眷恋、坚守、还有五味杂陈，都被重返的喜悦所代替，看来老师们还是更喜欢在这个院子里与记忆对话，因为这个院子里有朝阳小学的"根"和"魂"。

诸如此类，听到朝阳老师讲朝阳故事，可以说是乐此不疲、津津乐道，真的是有很多说不完的人与事，这些不仅留在了校园里，更重要的是留在了老师们的记忆里，虽然已成为历史，但是因为唤醒也成为朝阳人无形的精神财富。

学校文化的启鉴后人，是学校文化的重要任务。这座水塔是中华人民共和国成立初期所建，是一个时代供市民饮水的见证，是历史的沉淀。每次有人来到校园，都会提醒我：这个水塔没什么用了，考虑安全，可以把它拆除……听到这些意见的时候，我心里着急，总会给他们讲水塔留下的意义：我觉得它是一个时期"为人民服务"的代表作，是当时改善居民饮用水质量，提高生活水平的重大举措，应用物理、科学、建筑力学等知识所建设，恰好是对后人启鉴，对学生进行思想教育和科学知识教育的鲜活教材。作为教育工作者具有引导大家重视历史文化遗产保护的责任，吴忠市区多少这样的水塔在城市化进程

时代的见证者

思 旅

中都已经拆除得无影无踪，校园这座水塔是五六十年代的老物件，建筑牢固，无安全隐患，为何不保护留存作为学生教育的"教科书"？正是出于这种思考，我坚持留下，并于2019年学生毕业时倡议毕业生创意并制作微景观，采用物理的连通器原理，是2013届六（3）班学生设计，在工人师傅辅助之下完成了由学生设计，参与制作的第一个"微景观"。从那以后，每经过此处，眼前就会浮现孩子们为制作"微景观"忙碌的身影，似乎看到孩子们时而争执，时而府下身体搬弄砖块，时而辩论不休，时而远观揣摩，等等，这是多么鲜活的生命延续……

回到这个院子，朝阳小学找回了自己的文化特质，历史、斯人、斯事再现，让朝阳的历史画卷绵绵延展，让朝阳的故事重启续写，这才是朝阳小学的百年，也正是这些一个个真实记忆的唤醒、延展与续写，才真正让朝阳人步履坚实、昂首挺胸地开启了朝阳小学的新百年、新纪元。

一石激起千层浪

2021 年 1 月 16 日

"一石"是 2013 年在苏州挂职期间有缘得见的一块石头,就是苏州十中西花园中的"瑞云峰"。正是这块石头引发了我之后对办学的诸多思考。时至今日记忆犹新,是一种敬仰,还有一份羡慕,每次有关它的文字都会多看不舍,因为那物那情那景是我当年近距离感受和体验过的亲切,它让人充满幻想、好奇与冲动,每每看到都会被它所凝聚的文化精神所折服。在柳袁照校长《教育是什么》一书中,翻看一所学校百年故事,当再次看到西花园瑞云峰,便兴奋不已,多读几遍,体悟其文化内涵。

瑞云峰是伫立在苏州十中校园内西花园的一块石头,是《水浒传》中所提到的花石纲遗物,产自千年前太湖西山的谢姑山,又名小谢姑,千年来几失几现,传说明朝时期曾被明朝户部尚书王鏊所得,且与康熙、乾隆皇帝下江南有着千丝万缕的联系,后来从王谢长达创办振华女子学校,到今天的苏州十中,瑞云峰伫立在西花园,看人来人往,历春夏秋冬,诸多故事流传至今。

瑞云峰对我办教育的启发至深,可谓一石激起千层浪,一直指引我在办学过程中有所追求。虽然历史不曾眷顾我所在之地的教育文化积淀厚重,让我意识到自己的努力也许无济于事,杯水车薪,但我还是要毅然决然地去做,我觉得从当下做起,年复一年,千百年之后,一定会引领一种观念的改变与突破,让文化的内涵积于垒土,让我们对学校文化的期待也能出现瑞云峰一般的精妙!

受此影响,2019 年 3 月搬校时,校院(政务大厅校园)内有四样东西与搬迁车运同行,那就是校园内的"一碑、一石、一竹、一雕塑"。当时我们不惜一切阻力,将校园内"一碑、一石、一竹、一雕塑"运回现在的

思 旅

校园，因为这几样东西倾注了前任领导的心血，融入了他的办学思考，是朝阳小学的独有之物，有生命之延续，有灵性之相通，有故事之续写，有体温之温存，应该随校而迁。

"一碑"就是校园（政务大厅校园）门口的那块花岗岩校碑，正面是毛体"朝阳小学"四个大字，其背面是邀请杨生祥（曾任吴忠日报社总编辑）撰写的碑文，原文如下：

朝阳小学碑记

朝阳小学自一九一七年创办迄今，凡九十五年，七易校名，四徙其址，曰：灵武县第二高级小学（址在文庙）、宁夏省立吴忠实验小学、宁夏吴忠中心国民学校（初址文庙，后迁刘公祠，复迁闫家庄）、吴忠第一完全小学、吴忠市朝阳小学、吴忠师范附属小学、吴忠仪表厂东方红学校。一九七一年恢复今名，二零一二年迁于今址（柴园村）。

九十五年间，办学成就昭著，优良传统递相承传，直至改革开放，秉承[读书修身、明德至善]之校训，标举[文明、儒雅、和谐、幸福]之校风，实施[以德治校、质量立校、文化强校]之方略，教师以[敬业、爱生、博学、严谨]自励，学生以[勤奋、乐学、善思、力行]互勉，内强素质，外树形象，终成一方名校，获得国家、自治区及吴忠市各种奖励和荣誉称号数十项。正所谓——东风化雨，素花满枝。莘莘学子，灿若星河。一时名闻塞上，声显朔方，区内一流名至实归。

回首历史，逢新校落成于盛世。瞻前程，恰朝阳喷薄于东方。惟冀师生，志存高远，再奏宏音，声震天罡！

公元二零一二年十一月立

走进朝阳小学

恰朝阳喷薄于东方

　　由于这块校碑经历两个校园，2019年搬运过来之后，面临着暂无正式大门的局面，所以将其安放于何处成了需要确定的难题。就在大家你一言我一句的商讨中，我们走到了原吴忠中学和原朝阳小学老院墙的地方（迁入时已经拆除，但老院墙根基的痕迹还在），当时顿生念头，将校碑放置在原吴忠中学与老朝阳小学老院墙根基的中线上。为什么摆放在这里？因为这两所学校早在60年代就有着剪不断的历史渊源。1969年2月，学校与东方红中学（现吴忠中学）合并，推动中间隔墙，实施统一领导，开始九年一贯制，校名因此改名为"吴忠仪表厂东方红学校"。合并后因作息时间不一，导致管理混乱，不得已于1971年分开，学校更名为"吴忠市朝阳小学"至今。所以放置在两校围墙的中线上，"一碑"跨两校，在第二个百年的起始之初，实现了两个校园的完全合并，其意义深远，真的是最好的安放。校名朝东（朝阳），向着太阳升起的地方，碑文向西，日复记载，让它陈静在树荫下，看日出日落与斗转星移，潇洒送日月，沐雨雪风霜，听风声雨声读书声，见证日月轮回，陪伴人事更替。日月星辰下它是何等安详，欢声笑语中它是何等慈祥，大是大非时它是何等大智，从此之后，它将成为历史回眸的守望！

思旅

自然之灵气

"一石"就是校园（政务大厅校园）内的一块灵璧石，是前任金星校长在绿化美化校园时放置的一块景观石。有古诗写到：唐代灵石何处隐，青苔深处意微酣。天工妙刻嶙峋具，画匠神摹瑰丽全。这块石头带着前任校长办学思考的灵气，学校乔迁，它隐身何处？我想：它应该伴随学校的搬迁隐身新居所。所以，一并搬运到"新"校园，并在西大门建成后，摆放在一进西大门北面的花坛之中，身后绿树成荫，垂柳茂盛，可谓：万条垂下绿丝绦，自然美景天公雕。我每天进校第一眼就能看到它，它仿佛一位教育前辈每天叮咛我们不断奋进。

"一竹"就是校园（政务大厅校园）内的几簇竹子。在中国。竹子与梅、兰、菊并称为"四君子"，它以其中空、有节、挺拔的特性，历来为中国人所称道，成为中国人所推崇的谦虚、有气节、刚直不阿等美德的生动写照。唐张九龄《和黄门卢侍郎咏竹》称"高节人相重，虚心世所知"。元杨载《题墨竹》："风味既淡泊，颜色不斌媚。孤生崖谷间，有此凌云气。"也有古语到：宁可食无肉，不可居无竹。在中国传统文化中，竹子象征文人气节、君子气节，校园内怎能少了它。再者说，北方能够栽活竹子，实属不易。2019年迁校时,总务处工作人员移植了几簇竹子过来,其中一簇就栽种于西大门口灵璧石之后,以物思史,以物育人,学校便以此引导师生将竹的挺拔洒脱、正直清廉、清秀俊逸作为人生成长的人格追求,同时寓意着"朝阳小学"新百年的教育事业节节高升,蒸蒸日上。

沐浴朝阳,奋力前行

"一雕塑"是校园(政务大厅校园)花坛中的一组石膏塑像,由科技人员、知识分子、工人三部分组成,其中科技人员手持科技环,知识分子手拿书本,工人昂首阔步,喻意着新中国成立后,劳苦大众奋斗新时代,向往新生活。之前,这组雕像立于吴忠仪表厂内。由于1969年2月学校与东方红中学合并,成立"吴忠仪表厂东方红学校",实行九年一贯制管理失败后,两校分开办学。吴忠仪表厂工宣队进驻学校,开始了对学校工作的领导。由于学校与仪表厂的这一联系,之后于1994年仪表厂将其赠送学校,希望教师带着学生崇尚科学、尊重知识、热爱劳动。这"一雕塑"于2012年随校迁入新校园(政务大厅校园)。2019年3月,再次随校迁址,现在立于校园西边的花坛中,周围几株丁香花将其环绕,彰显出全校师生奋力拼搏、追求卓越的时代精神。无论是"奋斗新时代,向往新生活",还是"崇尚科学、尊重知识、热爱劳动",抑或是"奋力拼搏、追求卓越",这些历史赋予它的时代喻意,都将随着它的安居常伴于校园。

2020年朝阳小学迎来了特殊的春天

2020 年 12 月 26 日

2020年注定是不平凡的一年。这一年的春天让全国上下每个人都心惊胆战，但又坚强无比。如今虽说即将走向万众一心抗疫胜利，即将走向时光流逝后的岁月静好，但却难忘这个至今令全中国乃至全世界震惊的春天。

当武汉封城，当学校支部与金星社区联合抗击新冠肺炎战疫打响的那一刻，朝阳小学责无旁贷，将责任扛在肩上，党员率先垂范，教师无一例外，全体投身"抗疫"。全员轮班在小区门口承担值勤、消毒、宣传、登门摸排、上门服务等工作。

抗疫一线，情暖社会

值班教师每天从早上6:00到傍晚10:30轮岗在小区坚守执勤，忍冻挨饿，特别是早班和晚班，数九天寒刺骨，没有经历过的人很难想象。值晚班的大多数是男同志，夜幕中的身影体现出男同志的绅士风度，人人尽职尽责，认真负责，无怨无悔。从疫情防控开始，所有班主任老师手机24小时开机，随时统计上报学生出行情况，任务重，时间紧，但是没有一个班主任停下工作的脚步，更没有一个消极懈怠，每天早上起床第一件事就是上报外地学生情况摸排表，大家每天睡前最后一件事就是再确认一下学校有没有新的通知。

因为这场突如其来的疫情，2020年2月17日，这个师生约好开学的日子如约而至，但又不得不延迟，以网络线上教学这一特殊的方式开学。

老师们从社区执勤岗撤离，来不及修整便又开始了线上教学的任务。教师们按照自治区、吴忠市和学校的精心组织与安排，认真备课、制作微课，录制空中课堂，利用各种信息技术手段组织线上学习，确保停课不停学。由于是空对空，所以对学情的掌握就出现了问题，教师、学生都面临极大的挑战，思想教育成了难点和焦点。因此，自打线上教学任务开始，教师们从协助教科书的发放，到组织学生全员参加开学典礼，线上升旗活动；从召开开学第一次线上班会、家长会，到督促学生按时、有效地参与线上线下学习活动；从督促学生学习，到加强学生思想教育；从开学第一课，到对学生进行情绪疏导，将危机转化为学习的力量，无不浸透着教师的心血。

同学们宅家，好动的他们被束缚了自由，或配合父母做到了不出门、讲卫生、强锻炼、学知识、防疫情，或绘画、或写作等，用自己的方式表达对疫情的关注，对武汉人民的鼓励，孩子们表现得有爱心、懂事礼、不添乱，孩子们表现出自强不息，危难之时见证了孩子们是好样的！是最棒的！让我们从中看到了希望：将来一定能够成为中国的脊梁。

正是这个特殊的春天，每个人都把自己活成了一束光，照亮别人，拯救自己。抗疫精神让朝阳小学的师生团结得更紧密，是这个春天让我们清醒地认识到：从来就没有什么岁月静好，只是有人替我们负重前行。今天我们都能够安好，居在家中，陪在家人身边，是祖国强大的支撑，是奔赴在全国一线的医护人员、解放军战士、严守交通要道的公安民警、小区值守的工作人员，用他们的生命和行动守护着我们的健康和安全，是他们的艰辛与付出，换来了我们的岁月静好。所以，今后无论你是谁，贫穷、富裕，还是远在国外，都应该感恩伟大的祖国，感恩为我们遮风挡雨的那些最可爱的人。珍惜当下安好的生活，珍惜时光，珍惜所有爱你的人。

2020年，朝阳小学同全国人民一道迎来的这个特殊的春天，也让我们深深地懂得：世间没有从天而降的英雄，只有挺身而出的凡人。

学校要有一个"像样"的阅读场

2020 年 12 月 24 日思悟于朝阳小学

都说阅读很重要，的确很重要。"最是书香能致远"，"腹有诗书气自华"，可见阅读对孩子的一生成长多么重要！多少年来，从我上班的时候，学校就开始了图书室、阅览室的建设，大都是以借阅证的形式逐本借阅，做得好的坚持借阅，不好的以各种理由束之高阁，图书室成为藏书室。近些年，随着重视成度的提高，很多学校想方设法将图书在班级漂流，在楼道共公区域设置外置书架，但效果总是不尽如人意。孩子的天性是好动，课间 10 分钟，要求孩子阅读，试想：在嘈杂的玩耍中，要孩子排除一切干扰静心读书，那需要多大的毅力和克制力？这样的孩子有，但终归是寥寥无几。因此，公共外设书架，也只是设计者的美好心愿而已，效果杯水车薪。尤其北方风沙大，外置书架总是流于形式，不能很好地发挥作用。因此，我始终主张在条件允许的情况下，校长一定要有一种意识，那就是学校要有一个"像样"的阅读中心。打造藏书与阅读一体化的适合学生整班阅读的场所，让借阅与整班现场阅读相结合，让课外阅读成为校本化课程，成为影响孩子一生成长的育人场所！

2016 年，我所管理的学校接手了一个新建十六小学做分校，当时为了实现这个办学思考，就在办公楼的一层打造了一个阅读中心。这个阅读中心拥有 7 万余册图书的五个开架阅览室，让孩子们有了精神家园。现在虽然离开了十六小学，但是看到孩子们能够在阅读中心整班阅读的简报，内心真的感到很欣慰……

附：吴忠市利通区十六小学活动简报

（来源：宁夏日报客户端时间：2020-11-24　18：17：00）

沐浴书香，德馨满园

2020年11月24日，吴忠市利通区第十六小学阅览室里，学生们正在安静地徜徉在书海，享受知识甘泉的滋养。要培养学生的阅读能力，特别是养成阅读习惯，仅靠四十分钟的阅读教学课是不够的，必须将阅读延伸到课外。今年，该校把实施营养阅读计划作为特色工作之一，以逐步培养学生阅读习惯。

学生们利用课外时间在书海里徜徉

认真阅读的"小书虫"

思 旅

畅谈阅读收获

教育家苏霍姆林斯基说过:"让学生变聪明的办法,不是补课,不是增加作业量,而是阅读,阅读,再阅读。"利通区第十六小鲁华老师告诉记者,所谓"营养阅读"有两层含义:一是"有效地读"。全校师生都能积极行动起来,并把阅读作为一种习惯、爱好和追求快乐生活的行动自觉。二是"读有效的书"。全校师生通过阅读经典名著后,能从中体验和享受到阅读给自己心灵和精神上带来的愉悦和快乐。学校把"营养阅读计划"纳入课程中,把学生阅读时间排入课表,制定 "阅读之星""书香班级"考核办法。每周两节的读书课,班主任和学生在阅览室开展阅读、交流,学生把自己认为好看的书介绍给大家。

学生阅读整本书

学生们潜移默化地把阅读作为一种习惯、爱好和追求快乐生活的行动自觉。

温馨安静的阅览室里"便利、自由"的阅读氛围，使得它甫一开放就得到广大师生的普遍欢迎。

分享的快乐

慈母般的教导

班主任老师及时为孩子们在阅读过程中遇到的问题进行指导。

最是书香能致远。利通区第十六小学在创建书香校园的活动中，努力营造读好书、好读书的良好氛围，以创建书香班级、书香教师、书香学生为抓手，让学生以书为伴，以书为友，开展丰富而扎实的师生读书活动，丰富了师生文化底蕴，提高师生阅读素养。(《宁夏日报》记者　王鼎　文/图)

　　2018年3月，我调入朝阳小学工作，在谋划学校发展中也融入了阅读中心的创建，基于之前的实践与反思，以"腹有诗书气自华""最是书香能致远""书香润泽人生"为创办理念，坚持"自主开放、学以致用、创意无限"的创办宗旨，以实施"双语阅读"，实现"两个一体"，即"藏书与阅读""阅读与创新"为一体；落实"两创"培养，即创编故事，体验人生；创想未来，规划人生，提升学生的人文素养为目标任务，创办了朝阳小学多媒介阅读创意中心，实施校本化阅读研究。

朝阳小学阅读创意中心文化墙

　　阅读中心于2019年10月正式投入使用，并于10月21日、22日开展"生命因阅读而精彩　课堂因创新而灵动"的校本化阅读教学研讨活动。从此，每个班轮流在阅读中心开一节阅读课，阅读中心的应用便成为常态，也是孩子们最喜欢的场所之一。

附：2019年朝阳小学校本化阅读教学研讨简报

生命因阅读而精彩　课堂因创新而灵动
——朝阳小学开展校本阅读课程建设研讨活动

金秋时节，秋意渐浓。欣赏过"霜叶红于二月花"的美景，亦铭记"最是橙黄橘绿时"的叮嘱，在忙碌的工作之余，我们更期盼"为有源头活水来"的荡涤。

专家汇诊

2019年10月21日至22日，心怀喜悦，我们开启了本学期校本阅读课程实践的研讨之旅。活动由华东师范大学教育学院博士生导师董蓓菲教授和宁夏小语学会名誉理事长卫方挺主任亲临指导。研讨活动本着"课堂生成、全员参与"的原则，通过营造轻松自由的阅读氛围，引导全体学生主动阅读、快乐阅读，培养学生养成良好的阅读习惯，提升阅读能力。

课例展示勇探索

纸上得来终觉浅，绝知此事要躬行。10月21日上午，由我校蒋小荣、丁雪和王玲俐三位教师进行了阅读教学的课例展示，无论是课内阅读对学生阅读方法的指导，或是整本书的阅读交流展示，还是阅读空间的大胆突

思 旅

破，无不彰显我校教师在阅读实践方面的勇于探索。

课堂成为学生交流展示的舞台

蒋小荣老师执教的《一只想飞的猫》读书分享交流课，打破了传统课堂的正襟危坐，采用自选分享阅读的方式，给学生多种选择的机会，充分调动学生学习的积极性，学生在快乐阅读分享中收获满满，令在座的听课教师耳目一新。

丁雪老师执教的《普罗米修斯》是四年级上册的一篇课内阅读，教学设计紧紧把握单元导读和课后练习，对文本的解读准确、到位。教学中丁老师熟练地运用多媒体技术，运用微课突破重难点，采用引领学生学习的

走进朝阳小学

方法，帮助学生把握文章主要内容，老师教得有梯度、有层次，学生学得轻松又快乐。

淳淳教诲，洗耳恭听

王玲利老师执教的《格林童话》读书交流，大胆突破以往的课桌、黑板、教室所构成的阅读环境，将学生带进多媒介阅读创意中心席地而坐，营造一种宽松、自由的阅读氛围，让学生放下心理负担，真切体会阅读的快乐。课上王老师通过一个个小问题的点拨引领，把学生带到了童话的王国里自由驰骋，师生都沐浴在悦读的美好时光里。

良师益友

思维碰撞明方向

10月21日下午，董教授就本次开展的三节课例和全体语文教师进行了别开生面的聊课。她充分肯定了教师在课外阅读课的设计方面所做出的大胆尝试与突破，并及时了解教师在设计每个环节时的想法，在肯定优点的同时对三位老师的教学设计提出了改进的建议。研讨中，针对大家比较困惑的问题，董教授不是直接告诉我们答案，而是随机分组，进行小组交流研讨，大家集思广益，共同商讨得出结论，这种解决问题的思维方式使大家受益匪浅。

研讨心得，终身受益

10月22日，董教授就学校开展的校本阅读课程建设前一阶段的开展情况进行了反馈，对于每个年级所承担的实验分工及完成情况进行了细致入微的指导。同时给大家明晰了下一阶段的任务目标，老师们提出了关于实验方面的疑惑和思考，董教授都一一悉心解答，老师们在你一言我一语

思 旅

中明确了前进的方向。董教授的专业引领以及全新的阅读教学理念，带我们开启了校本阅读研究的新篇章。

分组讨论，碰撞智慧

一路欣赏，一路采撷。一路吐蕊，一路芬芳。朝阳人一直在校本阅读课程教学实践的路上奋勇前行着。在追寻校本阅读研究过程中，我们既能欣赏到美丽的教育风景，又能享受更有意义的教育幸福。

每当我看到自己精心打造的两个"像样"的阅读场开馆使用，看到孩子们个个脸上的笑容，我内心不仅仅是欣慰与自豪，而更多的是一份踏实……正是这样两次由教育思考做出初探所获得的欣慰、自豪与踏实，更加坚定了我今后在教育实践中倡导建设"像样"阅读场的教育信念。

把文化的种子深埋在师生的心灵

2020 年 12 月 23 日

我国著名教育家蔡元培先生说:"欲知明日之社会,须看今日之校园",这句话深刻而通俗地指出了学校文化的重要性。学校文化好比一粒种子,师生的心犹如肥沃的土壤。学校文化这粒种子能否生根发芽,破土而出,获得新生,焕发生机,孕育新活力,唤醒一代一代后来人,根植于心中,前赴后继步入社会,不忘初心,牢记使命,才是学校文化的真正力量。学校文化生命力极强,只有将其深深地埋在师生的心里,让文化的种子在师生心灵生根发芽,代代传承,无论天南海北,都会生生不息,野火烧不尽,春风吹又生。

一、讲好学校发展的历史故事

学校文化的一个重要方面就是一个个真实故事的续写。翻开它,如果您能从一个又一个的小故事中体会到学校发展过程中一代一代教育工作者为教育而奋斗的梦想,并能从中发现师生与这所学校的某种联系,某种力量的传递,那一定是学校文化这粒种子的力量。

朝阳小学是一所百年老校,我们对百年校史的追寻其实就是寻找学校教育的故事。李斌校长在《学校故事美好,教育才会好美》一文中写到:好故事成就好学校,好学校必有好故事。这句话让我十分受益,使我认识到学校故事对于学校文化传播的重要性。

事实上,在学校发展过程中总是一个个故事层出不穷,总是"时间、地点、人物、起因、经过、结果"六要素完整校园故事的不断叙事。一个故事的积累,无形中滋养着一种精神,久而久之便会形成学校文化。多元智能理论之父、哈佛大学教授霍华德·加德纳曾说:"领导力的主要传达媒介就是故事。"讲好校园故事,使故事一代代传颂下去,是校长担当有为的必备素质。校长要承担使命,让学校成为美好故事的集聚地。在办学过程中,校长每年可以组织教师开展讲好身边感人故事活动,引导教师发现身边的人和事,书写好故事、讲述好故事、创造好故事,让校园成为师生美好故事自然流淌的地方,持续不断地把校园内感人的故事留下来,传递下去,让"故事"成为后来者培育学校文化的力量,让学校文化留存于时代,传承于未来。

二、讲学校的办学思想,描绘学校的办学愿景

学校的办学思想体系是统领不同时期学校发展,彰显办学成效,推动学校健康持续发展的灵魂,是师生内化与践行的精神动力,是学校文化形成的核心靶向。

办学理念缺失,或者说办学理念只是装在管理者的脑子里,那办学行为将是盲目的,缺乏可持续发展的后劲。只有将办学理念让师生认同,根植于师生的心灵,内化为师生思想和行动上的共同愿望,成为师生的共同价值追求,转化成师生有目的、有方向的自觉教育实践,才能产生学校发展的巨大能量,并成为形成学校文化的重要途径!所以,校长一定要时常向教师讲学校的办学思想体系,重要的事要不断讲、反复讲,讲到师生耳熟能详,引导教师做到知行合一,践行办学理念,追求教育理想。

三、要时常让教师通过写来记录并倾诉心声

教师在学校发展的历史长河中极其平凡而又伟大。平凡是默默无闻,有的甚至不被人所知;伟大是每个时期的教育硕果都有他们的努力付出。

"路漫漫其修远兮",教师在漫长而又短暂的教育生涯中,在链接理想与现实的道路上,一次次困惑,一次次前行,一个个朝阳人从青涩到成熟,留下的坚毅、沉稳诠释了:"吾将上下而求索"的自强不息的精神。这种精神只要碰撞就能升华,只要交流就能青出于蓝而胜于蓝。遗憾的是,历史

并没有完全记录下每个教师的风采，有的也只是他人的口述，断章取义，是星星点点无法串联的琐事，多年回首却没有将自己的探索与思考时时流淌于笔端，及时翔实地将自己在教育教学中的探索经验真实地记录下来。敦促教师勤耕于笔尖，将教师的教育理想、办学状态随时记录下来，是学校管理者不可忽视的行动。只有让教师们把自己的故事在笔尖不断流淌，倾诉，才能让记忆只要触及就能复苏！2018年，学校组织全体教师撰写《记忆中的朝阳》，2019年录制《百年芳华》专题片，那一刻就是意在唤醒教师沉睡的记忆，将过去回放，将当下谱写，将未来憧憬，就是要将大家记忆深处的朝阳精神相互传颂与传承，让干涸的"种子"汲取水份，汲取精神力量而复苏。虽然只是起步，但这种念头一旦形成，今后可以创办月刊等，引导教师笔耕不辍。我想若干年以后，一粒粒种子一定能够使校园满眼绿色，处处生机盎然，期待的必将是春华秋实。

四、建校史馆帮助唤醒加深记忆

校史馆是对不同历史时期学生成长、教师提升、学校发展诸多不平凡事迹的浓缩陈列与重温，也是引导我们今后能够时刻铭记历史长河中那些若隐若现的令人感动、令人难忘的人和事，也是我们为哪些普普通通不为人知的默默无闻的师生留点最为珍贵的回忆！

校史馆是学校发展历史的时间轴，建立校史馆，而且时常带领师生重温校史，引导师生且行且珍惜，就是用精神的火种点燃师生学习生活的激情与热情，达到让师生热血浮腾追求梦想，实现梦想的潜移默化的效果！

校史馆是承载历史，再现历史的场馆，承担着学校文化寻根的重任。学校的历史由谁创造？走过百年，历史的文献资料有哪些遗迹？能否寻觅到载入史册的人和事？都可以通过校史馆实现时光穿越，清晰可见地呈现出来。尤其是百年老校在条件允许的情况下，应该有一个"校史馆"，把历史对学校日常工作真实的记录进行浓缩陈列出来，承载历史，以启鉴后人。前任金星校长费尽周折，寻觅了建校90年的资料，是否完整齐备暂且不说，搜集史料过程的艰辛不言而喻。迁入新校，能否将历史赓续，能

思 旅

否将学校文化传承好，校史馆建设是一个重要的载体。

百年老校曾经被称为区域名校，"名"在何处，何为荣耀？不仅仅是有一批做出卓越功绩的校长们，还应该有默默耕耘，勤勉求学，谱写朝阳小学辉煌岁月"教与学"故事的无数师生们，还有历史发展重要节点的重大事件以及风云人物，这些写入历史流传，以此来勉励后人，历史会铭记所有师生，因为师生是学校教育事业发展历史的基石，是他们的优秀、他们的智慧，才使得学校声名远扬！

然而，许多学校常以领导莅临，所获荣誉奖牌来突显"名校"特征，当然这些都是学校发展过程中有必要的，但是当我们将目光聚焦到领导和荣誉奖牌时，我们不能忘记耕耘过程中付出辛劳的教师，孜孜不倦求知的莘莘学子，是他们的不断努力前行，在三尺讲台，在几十平方米的教室里，一次次的尝试与探索写下了学校发展的历史丰碑，是他们步履坚实，完成了一个又一个课改实验，留下了光辉的足迹。所以，我们不能忽略学校涌现出多少深受众多学生喜爱和家长社会认可的优秀教师，培养出了多少各行各业成果突出的学生。

《旧唐书·魏微传》中写道："夫以铜为镜，可以正衣冠；以史为镜，可以知兴替；以人为镜，可以明得失。"学校校史馆不是做收藏，而是将文化的种子深深地埋在师生的心中。所以要作为新生入学和新入职教师的第一课，要全天候开放，让师生随时进入，引导师生时常以校史为鉴，将校史铭记在心，激励自己，以老一辈朝阳人为鉴来鼓励自己，凡事知难而进，成长自己，惠及他人！

对创新素养教育的认识与思考

创新素养教育以学生核心素养的养成为核心，以培养学生创新精神和创新能力为目标，培养学生发现问题、提出问题、解决问题的能力，激发学生的好奇心，培养学生的想象力、发散性思维、动手实践能力，以提高教学质量为重点，积极构建创新素养教育活动平台，做到课内和课外相结合、学习与实践相结合，加强对学生思维能力、动手能力、表达能力、参与能力、设计能力的培养，引导学生树立科学精神、团队意识和批判思维，促进学生全面发展，培养符合国家发展需要的新型人才。

一、走出当前创新素养教育认识上的四大误区

误区一：创新素养＝创造素养

创新教育与创造教育有相同点，但又有许多不同之处，不能以"创造"代替"创新"。创造教育的实施主题是创造发明，在操作层面体现为搞小发明、小制作，或在学科教学中培养发散思维能力，目标比较单一；而创新教育是中国特色社会主义进入新时代提出未来人才培养的方向，不仅是方法的改革或教育内容的增减，还是教育功能的重新定位，是全局性、结构性的教育革新和教育发展的价值追求，是新的时代背景下教育发展的方向，实际上将带来教育全方位的创新。

误区二：创新教育＝科技发明

目前，存在把科技发明混同于创新的认识。把学生的几件动手制作、科技小发明，甚至将教师、家长、学生协作完成的作品认定为学生形成了创新素养。实际上，创新教育主要体现在两个维度、五个方面：一是创新精神，包括创新意识、创新情感和创新意志；二是创新能力，包括创新思

维和创新活动。

误区三：创新素养 = 成人创新

一是以成人的眼光看待学生创新素养教育。经验主义会拔高对学生创新素养的要求。在成人眼里很幼稚、不起眼的想法对于孩子来说也许就是创新的开始。因此，我们要站在孩子的角度，分析孩子的内心世界，以孩子的视角看待创新，不能拔高，更不能以成人的见识和阅历为尺度衡量学生的创新。二是越俎代庖，让学生顺着我们想好的去做，代替孩子思考，代替孩子动手。事实上，我们应该引导、指导、启发孩子思考，放手让孩子动手实践。

误区四：创新教育 = 校本课程

创新教育不能误入，泛指综合校本课程化的倾向。一路看来，受应试教育影响，很多学校通过第二课堂、兴趣小组、社团活动、综合校本课程等载体来呈现。校本课程主要承担了创新素养教育的实施任务，小学、初中、高中国家课程均没有体现，实际上这是单一的落实途径，脱离国家课程的渗透，创新素养教育的实施不仅会推进缓慢，甚至会被新思潮替代，半途而废。

二、如何实施创新素养教育

随着教育的不断发展，素质教育、快乐教育、幸福教育、智慧教育、活教育、创新素养教育、核心素养教育等，实际上都如同中医配药，基础药方不变，治疗各种病症，针对不同的病情，变的只是药引子，讲求标本兼治，是慢功。创新素养教育同样需要遵循教育规律，重点要加强课堂渗透，拓宽综合类校本课程的广度，延展社会实践的深度，形成多元合力，长期坚守。

一是目标引领，明确创新素养教育的方向。方向比方法更重要。实施创新素养教育的首要任务就是确立明确的创新素养培养目标。南京市鼓楼幼儿园是1923年陈鹤琴老先生在自己住宅的客厅里开办的一所实验幼稚园，"活教育"是陈鹤琴创立的教育理论体系，包括目的论、课程论和方法论,以及17条教学原则和13条训育原则等,强调自然和社会都是"活教材"的思想,使学生在做中学、学中做,成为影响南京市鼓楼幼儿园至今的办学思想。受其启示,创新素养教育同样需要制定几条明确的培养目标,如培养学生发现问题、提出问题、解决问题的能力,激发学生的好奇心,培养学生的发散性思维、想象能力、动手实践创造能力,使学生逐步形成创新思维品质和实践能力等,使其成为实施创新素养教育的纲领,保证教育教学有据可循。

二是培训提升,为创新素养教育注入动力。教师是立教之本、兴教之源。创新教育的实施,转变教师的观念是关键和前提。实际上,目前最大的问题是教师对创新素养教育的认识参差不齐、观念守旧。因此,一方面,借助高校专家教授对全体教师进行创新素养的理论培训,帮助指导教师找准学科教学中实施创新素养教育的培养点,以便在课堂中实践,提高创新素养教育的实效;另一方面,实施校本培训,加强教师创新素养教育的交流培训,让教师在交流实践中相互学习、相互提高,使创新素养教育深入人心,落实到教育教学的各个环节,提高教育实效,激发教师的能动性,为创新素养教育传输动力。

三是课堂落实,为创新素养教育夯实根基。教材中有许多创新素养的训练点,教学中要依据创新素养教育的培养目标,对照国家课程进行教材的二次开发,挖掘教材中创新素养教育的训练点,立足课堂,深入实施。如低段语文教材多以想象力和好奇心的培养为侧重点,发展学生的想象力和求知欲。中高段教材中的拓展训练是学生进行创新实践的较好题材:文中一个省略号可以进行补白,训练学生的发散思维,一个开放性的问题可以创编故事,训练学生的想象思维,数学中的一题多解,科学中的猜测、推理,美术中的自主创造,音乐中的自主创编等。教材中这些内容使创新素养在课堂训练中有了落脚点,能够让教师明确课堂上需要训练什么、怎么训练、训练到什么程度。学校组织教师进行顶层设计,找准对应点,组织教师对教材进行分析,挖掘教材中创新素养教育的训练点。通过整理分析教材,梳理各学科中创新素养教育的培养点,以知识树的形式呈现,形成学科落实创新教育的知识目标体系。引导教师进一步明确各学科、各学段、每一课学生创新素养的着力点，指导教师长期坚持在课堂教学中渗透落实创新素养教育，为课堂中创新素养教育的开展打好根基、铺平道路，让创新在学科课堂教学中落地生根。

四是综合实践，为创新素养教育拓宽渠道。一方面，结合学校现有资源和实际，找准学生创新素养的培养点，按照体育活动类、艺术与审美素养类、文学欣赏类、科学探究类、社会实践类等类别优化综合类校本课程，彰显创新素养教育目标，分类制订详细的实施方案，明确行动计划，扎实推进工作，以综合实践校本课程为途径，全面培养学生的创新素养。另一方面，以竞赛促学生核心素养的提升。结合学校综合类校本课程的开设，发挥教师的自主性，组织学生开展配乐朗诵、书写、汉字大赛、古诗词大会、数学知识抢答、趣味数学、美术捏泥、麻袋绣、版画、石画、主题创意绘画、主题创意音乐、主题创意电脑制作等创新素养教育教学主题竞赛活动，通过竞赛促进学生创新素养不断提升。

五是评价导向，为创新素养教育保驾护航。完善的评价体系是创新素养教育得以实施的有力保证。评价指挥棒不变，创新素养教育的实施就会有始无终、虎头蛇尾。因此，要转变评价方式，自上而下研究制定学业评价、学生综合素质评价、课程课堂评价等细则，调整现行的评价机制，以评价为导向，实现创新素养在学校评价方方面面的渗透，在课堂教学中的融合与渗透，让评价为创新素养教育的实施保驾护航。

创新素养教育是教育内涵发展和新时代人才培养的方向，也是学生终身发展核心素养的主要内容之一，关乎民族的未来与希望，不能犹豫，更不能观望。只要我们不断思考与实践，借鉴与学习，在已有经验的基础上推动学校创新素养教育，就会实现新时期、新时代新的跨越式发展。

创新素养教育的探索与实践

创新的时代呼唤教育创新，创新素养教育是培养创新人才、建设创新型国家的基础。对于学校来说，需要将学生创新素养的培养作为教育的一项重要任务，积极构建创新素养教育课程体系，做到课内和课外相结合、学习与实践相结合，加强对学生思维能力、动手能力、表达能力、参与能力、设计能力的培养，引导学生树立科学精神、团队意识和批判思维，促进学生创新素养能力全面提高，培养符合国家发展需要的创新型人才。

一、目标具体化，引导创新素养教育有的放矢

创新素养教育的深入实施，首先要确立创新素养教育的培养目标。不断地学习与培训让我们认识到创新素养是创新人格、创新思维、创新方法三者的总称。为此，学校围绕以上三个维度，将创新素养教育的培养目标具体细化为24条。即创新人格：包括创新意识、创新能力，创新意识具体体现为自信心、好奇心、浓厚兴趣、激发求知欲、问题意识、探究意识；创新能力具体体现为自主学习能力、想象能力、发现问题、提出问题、解决问题的能力，猜测、推理、分析能力，信息加工能力，动手实践能力，创造能力，合作能力。创新思维：包括发散性思维；逆向性思维；逻辑性思维；求异性思维；批判性思维。创新方法：包括对比分析法、奥斯本检核表法、5W1H法等。三个维度，24条具体目标的确立，为教师实施创新素养教育提供了依据，指明了方向，让创新素养教育的内涵在教师心中生根发芽，让创新素养教育的目标引领教师开启创新素养教育之路。

二、育人课程化，夯实创新素养教育

1. 强化国家课程，夯实创新素养教育基础。国家课程是实施创新素养教育的基础。要把培养创新素养教育的目标落到实处，必须对教材中潜在的隐形创新素养点对照国家课程进行全方位的挖掘，使之成为显性的教育内容，纳入课程教学计划中。例如，对教材中的一个省略号进行补白，可以训练学生的想象力；数学中的一题多解，可以训练学生的发散思维；一个开放性的问题，可以创编故事，训练学生的想象思维；数学广角可以训练学生的创新能力等，这些内容都是创新素养培养的训练点。因此，学校坚持"立德树人"根本任务，落实核心素养教育目标，组织教师深研学科教材，通过知识树、思维导图、框架结构等形式，梳理出各年级、各学科教材中创新素养的培养点，并依据创新素养点设计学科创新素养培养的教学课例，征集创新素养教育论文，实施教学渗透；通过制定各学科创新素养任务清单，如在班级中设立"质疑、释疑"角；在低年级引导亲子结合生活自主汇编阅读绘本；数学课开展"一题多解"习题设计与训练，创编应用题解决生活中的实际问题；英语课组织情景剧自编自演；音乐课指导学生创编歌词，形成学生个人歌词集；美术课引导学生自主创意绘画、科幻画；品德课引导学生创编德育小故事等。组织教师有目标、有方法、有针对性地实施，夯实创新素养教育的基础，促使学生全面发展；扎实推进创新素养教育落实，为创新素养教育的开展打好根基、铺平道路，让创新素养教育在各学科中落地生根。

2. 开发校本课程，拓展创新素养教育视野。学校在传承"吹拉弹唱"传统特色项目的基础上，结合新课程的实施及资源优势，自主探索开发了新的校本课程。分"文学欣赏类""艺术审美类""科学探究类"三大类，共成立校级、年级社团42个。每周三下午以社团活动的形式组织开展，有效提升了学生的文学素养、艺术修养和创新能力。

（1）实践校本课程。结合学校现有的资源和实际，找准学生创新素养的培养点，按照文学欣赏类、艺术与审美素养类、科学探究类等类别优化综合类校本课程，分别开设"水墨画""麻袋绣""纸版画""石画"等主题创意绘画社团；"舞蹈""合唱""儿童乐队"等主题创意音乐社团；"电脑绘画""电子小报"等主题电脑创意制作社团；"足球""篮球""田径"等主题体育社团，彰显创新素养教育目标，分类制订详细的实施方案，明确行动计划，扎实推进工作，以综合实践校本课程为途径，全面培养学生的创新素养。

（2）器乐进课堂。为全面提升学生的艺术素养，学校实施器乐进课堂行动，一个年级一门乐器。将口琴、葫芦丝、口风琴、竖笛、巴乌等引进课堂，惠及全校学生。经过一段时间训练，现在学生均能演奏一些简单曲目，并能演奏展示。学生通过器乐练习，演奏实践，较快提高了识谱、视奏、欣赏、创作诸方面的能力，扩大了应用知识面，促进了知识的迁移，同时极大地调动了学生学习音乐的兴趣及创作音乐的欲望，促使学生全面发展。

（3）学校引进STEAM教育课程。STEAM教育是集科学、技术、艺术、工程、数学多学科融合的综合教育，能多角度、深层次地促进学生创新素养，主要体现在学生解决问题、多种创新设计、有效交流、提出新观点等多方面能力得以提升。学校以二年级七个班、三年级一个班为试点，采用一对多远程双师教学方式，建设"互联网＋教育"环境下的在线互动课堂教学系统，实现STEAM教育内容与学科创新素养教育内容的统一，培养了学生的创新意识和创新精神。同时利用奥斯本检核表法，将作品围绕能否他用、能否借用、能否改变、能否扩大、能否缩小、能否替代、能否调整、能否颠倒、能否组合等检核问题创新思路，进行创意设计，形成创意文稿，有效地提升学生的整体创造力，有助于学生形成系统全面的创新品格和创新能力。通过STEAM教育，学生不仅可以具备工程科学实践所应具备的基础科技知识，而且可以具备更加复杂、更加有效地创造性解决问题的能力。

3. 以"社会实践性课程"强能力。通过开设"小小导游志愿者""小小摄影师""日行一善""小小记者站""旅游研学"等社会实践探究体验活动，引导学生学以致用。

总之，通过整体课程的不断实施，促使对学生的创新素养的培养从学科教学转向学科教育，把创新素养教育融入教育教学的全过程，让创新素养教育课程化，追求以生为本，坚持既考虑个体，又突出全体，既张扬个性，又全面发展，必修与选修相结合，不断满足学生的多样化需求，让学校师生在多彩课程中展现精彩人生，培养具有创新精神全面发展的新时代中国人。

三、营造文化氛围，让创新素养教育潜移默化

1. 创设育人环境，发挥育人功能。文化育人可谓随风潜入夜，润物细无声。学校紧紧围绕学生创新素养培育这一目标，充分发挥教室、墙壁、走廊等作用，将美化校园与营造创新氛围结合起来。例如，每个教室创设质疑释疑角、心灵角，学生可将平时在学习生活中遇到的焦虑、困惑、疑难问题，以质疑、释疑卡的形式张贴于相应位置，学生或教师进行解疑答惑，培养学生发现问题、提出问题、解决问题的能力，树立学生创新意识。充分发挥班级空间，创设学生创意作品展示角，定期、分类将学生的个人创意文稿、创意绘画、创意小报、创意歌词、创意故事、创意绘本等内容展示给全班同学，树立信心，激发兴趣，浓郁文化氛围，使学生自主创新、自主施展才华。

2. 建立和谐、民主、平等的师生关系，激发创新的潜能。教师要以班集体中的一员的角色出现在学生面前，和学生建立起民主的、平等的师生关系。这样才能营造出愉快、和谐、平等、宽容的教学氛围，让学生没有差距感，没有惧怕感，只有成功的喜悦以及创新的快乐，使持有不同观点的学生敢于发表自己的见解，能够敏锐地发现所谓"后进生"的闪光点，以独特眼光来理解、关怀"怪才"。肯定学生的"标新立异""异想天开""求同存异"，鼓励学生发表不同的见解，甚至能超越教师和课本，不断激发学生创新的潜能。

四、完善创新教育评价体系，永葆创新动力

完善的评价体系是创新素养教育得以实施的有力保证。评价指挥棒不

变，创新素养教育的实施就会有始无终、虎头蛇尾。因此，学校要转变评价方式，采用自上而下和自下而上相结合的方式，组织广大教师广泛讨论，研究制定创新素养教育课堂评价表，构建学生创新素养评价体系等，调整现行的评价机制，以评价为导向，实现创新素养在学校评价方方面面的渗透，在课堂教学中的融合与渗透，让评价为创新素养教育的实施保驾护航。例如，学校可围绕创新素养教育制定课堂教学评价表、"四问式"创新素养教育课堂观察表等促使教师在课堂中实施创新素养教育。构建"多彩教育评价体系"，强化学校对学生的综合评价，实施多彩币教育奖励机制，创建多彩超市。全体教师根据创新素养教育的实施，学生的纪律、卫生、课堂倾听习惯、作业完成、课堂发言等表现，在教育实施的过程中随机奖励多彩币，学生可用多彩币到学校多彩超市兑换等价多彩学习、生活用品、创意作品；也可以用等价多彩币参与体验活动，突显奖励评价的显性作用，激励学生不断努力，不断创造，增强学生的创新意识。

创新素养是学生素养的核心。其培养不是一朝一夕之事，更不可一蹴而就，需要长期探索与实践，学校要将学生创新素养的培养作为教育的重要目标之一，明确目标，增强教师培养学生创新素养的意识，营造创新素养教育氛围，拓宽创新素养教育渠道，完善创新教育评价体系，不断实现创新素养教育健康持续发展。

瞬间记录，率真流露

2021年1月2日

2020年注定是不平凡的一年，对朝阳人来讲是抢抓机遇，稳步超越的一年，留下了刻骨铭心，留下诸多抹不去的记忆，实"鼠"不易。2020年最后一天全校举办新年元旦庆祝，先是以班级进行各班庆祝，之后是教师喜迎新年。年末的时光记录下了欢闹的一幕，释怀的一幕，率真的一幕。

空气中弥漫着新年的气息，久违的欢快终于如期而至，给全校师生带来了无限的喜悦，使得本来枯燥的学习生活充满了种种乐趣，给师生注入了新年新气象，快乐、幸福、欢笑与甜蜜洋溢着整个校园。

新的一年即将到来，每个班的孩子们都沸腾在庆祝新年元旦的欢快之中。孩子们早早就做好了准备，个个聪明灵动，活泼可爱，充分展示个人才艺，张扬着自己的个性，分享着彼此的快乐。在各班的展示与分享中，给每个孩子展现自我的机会成为现实。也正是这一刻，孩子们没了老师管束的不自在，没了课业负担带来的沮丧，没了比学习的痛苦，孩子们的童真是顺应天性的自然流露。在我看来，每个孩子都是一个具有无限发展潜力的唯一个体，我们只有主动聆听每个孩子的每一句话，温暖每个孩子纯洁的心灵，关爱孩子们的每一个举动，为孩子们提供广阔的舞台，孩子们才能个个露出意想不到的笑容。孩子们的精彩人生不仅仅是知识的铺路，还应该是健康、快乐的脚步。当这一切尽收眼底时，才是教育工作者最大的成就。

快来看看我们可爱的老师们给大家拜年啦。这个拜年的小短片是信息中心的杨晓华等几个老师精心策划录制的。他们到部分教师所在班里或办公室里随机采访录制教师，剪辑制作了一段新年贺词小视频，就是那种影视花絮的形式，真的是很逗。有的老师因为突然袭击，现场蒙圈。有的老师一着急大脑短路，一下表情严肃。有的老师说着说着突然卡壳，双手摆个不停。没有化妆，没准备，没有提前酝酿的华丽词汇，全都是即性发挥，全都是满满的真实……人生就像是拍戏，错了可以重来。为什么对学生的教育，老师往往很苛刻，不允许错了重来呢？传统教育认为：好心不能给好脸。我觉得，新时代教育，我们的观念要变：好心也要给好脸。

2021年元旦庆祝朝阳小学音乐、美术组教师服装秀

一场由美术组、音乐组和数学组等十四位年轻教师自主设计并表演的时装秀，简单大方，赢得阵阵掌声。老师们都是用一些日常生活用到的报纸、食品袋、包装纸、窗帘等材料搭配，设计制作时代感很强的新潮服装，加上年轻教师的活力，使得这场演出格外吸引观众的眼球，表演靓丽并具有活力。在我看来不是一个节目那么简单，而是表演者的独具匠心，智慧与创造，是美的展现和传递！于是，急中生智，蹦出一个想法：将老师的创新作品连同她们表演的照片做成一道文化墙，长时间留存这份瞬间最珍贵的记忆，并激发师生碰撞创新的火花。

吃无不尽的团圆，言无不尽的幸福

　　短短的瞬间，记录了每个教师真实的流露。那是人性的真实，没有利益分争的真实，同事如同兄弟姊妹之间互助的真实。那一刻是教师们忘却一切的释怀与放松，是人性爱与善的绽放。那一刻是以组为家庭组合家的味道，大家共同动手包饺子，煮饺子，吃饺子，共同忙禄，欢笑声跌宕起伏，是教师集体智慧与热情的升华。教师们各个都是包饺子的手艺人，老鼠、元宝、牛眼、彩饺、紫薯等，心灵手巧的饺子作品整整齐齐的，像战士列队，摆满自家灶台，真可谓种类创新，花样繁多，独特匠心。其间，时而有老师晒晒自家的饺子，时而有老师先尝为快，时而有老师偷拍一下"吃相"，时而还会有老师端着碗"串门子"，每到一家吃几个饺子，不一样的味道，不一样的融情，群组交流，邻里之间和睦相处，往来交汇，其乐融融的大美景象，是教师亲情与大爱的本真！

齐心协力，细水长流

思 旅

　　游戏更是团队协作、协调、凝聚力量、展示风貌、活跃度最高涨的一个环节。顶杯接力、沙包集合、细水长流，三个游戏都是精选，趣味性、协调性、融入其中，众人拾柴火焰高，众人智慧创奇迹。最有意义的当属"细水长流"这个游戏，组内每个成员人人捧着一个长度约 60 公分的"U"形槽，一字排列，逐个接龙，将乒乓球从起点流入终点的水桶之中，以计时最短为获胜。既然是细水长流，就要如同涓涓细流，掌握舒缓速度，做好配合接龙是游戏的关键。模拟几下，老师们好像掌握了要领，胸有成竹。哨声一响，大家全身心投入游戏之中，忽蹲忽立，胜似起舞；忽左忽右，犹如神龙摆尾。观众老师也是心随游戏动，有的伸长脖子，有的攥紧双拳，有的瞪大眼睛，有的提示指挥，有的声色遗憾，有的示意胜利……人人都是忘我的境界，场面热闹、欢快无与伦比。

　　柳袁照校长说：人的一生有几个关键时刻，假如人生初始能遇上理想的学校和好老师，那将是无限的幸运。2020 年的最后一天，学校班班欢庆元旦，包包饺子，搞搞游戏，虽然简简单单，实则不简单。因为那一刻，教学相长，对于师生来讲都将是难忘的一刻，师生都在向着理想的学校和好老师的目标迈进，学生童真，教师率真，教育本真。孩子们释放天性，给了老师又一次走近学生、了解学生的机会，因材施教。老师们的心紧紧地团结在一起，学生的心，老师的心，学校的心紧紧地团结在一起……也许那一刻我们还感觉不到什么，但是一年、两年，几年过去之后，这些逐年简单活动组织实施的赋能，就会让人有意想不到的能量释放——用教师的精彩感染学生的精彩。

　　时光匆匆，真的很美妙，即将落下帷幕，又将走向远方，在远方等待，瞬间记录，瞬间模糊，瞬间消失，瞬间浮现，愿这美好的瞬间永远保存在朝阳人的心中，代代复盘，精神相传。

存史为鉴 "百年朝阳"校史馆开馆啦

6月30日，在喜迎中国共产党成立100周年之际，朝阳小学校史馆开馆啦！"百年朝阳"校史馆开馆是在吴忠市教育工委、教育局离退休党支部联合朝阳小学党总支开展"学党史、吾思想、办实事、开新局"主题党史学习教育，庆祝党的生日，这样一个具有特殊意义的重大历史时刻，见证了吴忠市朝阳小学这所百年老校校史馆开馆揭牌仪式，对参加此次校史馆开馆揭牌仪式的每个人来讲都是难忘的历史时刻。对我来讲，这一历史时刻是自2018年到任朝阳小学校长以来深入思考学校文化，追思百年朝阳历史，筹备、建设、完成校史馆，传承朝阳小学百年文化，递交答卷的时刻，应该是我从事校长终身难忘的时刻。

校史馆从前期准备、资料搜集、物件征集，到建成开馆，历时三年多，实属不易。尤其是查阅史料、征集实物的过程对于参与校史馆建设的舒英义、闫涛、薛志敏、卫方挺、石琦金、朱文伟等工作人员来说十分艰难，他们跑遍了灵武档案馆、银川档案馆、吴忠档案馆，还有古玩市场、收藏爱好者家中、老旧学校、实物珍藏人家中、旧货市场等能想到的地方，由于历史久远，许多史料与物件得以保存的实在是稀少，可以说是终于开馆了实属不易。为什么如此艰辛，作为朝阳小学第三十二任校长的我还是要克服重重困难，始终坚持完成如此耗时耗力，甚至稍有想不到还会遭到指责的工作？

因为，朝阳小学建校于1917年，是一所百年老校，有着悠久的办学历史和厚重的文化底蕴。建校迄今，五移校址，几经波折。2019年，吴忠市教育局为恢复百年老校的文化，深入加快教育均衡发展，进行学校布局调整，将早期吴忠中学，后期吴忠市第四中学和朝阳小学老校址一并调整为朝阳小学新校址，这对朝阳小学百年历史、百年文化的追根溯

思 旅

源是非常好的机遇，为一所百年老校新百年的发展提供了更加广阔的发展空间，具有划时代的历史意义。作为校长，我不能因为自己的无知和惰性让一所百年老校因为搬迁导致百年文化和历史痕迹褪色，甚至荡然无存，那不仅仅是遗憾、一句自责能掩饰的，在我看来如果因为我的失职让朝阳小学百年文化不能一脉相承，无处寻根，那我将是朝阳小学教育发展历史上的罪人。

历史是一面镜子，照亮现实也照亮未来，朝阳小学挖掘学校办学史，筹建校史馆，就是铭记历史，继承优良传统、展示学校文化、激励师生奋进、促进学校新发展。

明天，是我们伟大的中国共产党成立100周年。一百年来，中国共产党矢志践行初心，谱写出一个又一个不朽的传奇，带领全国各族人民站起来、富起来、强起来。吴忠市朝阳小学同祖国同呼吸、共命运走过了104年，一百年风霜雪雨，朝阳小学全体师生百折不挠，克服重重困难，创造了吴忠教育史上曾经的辉煌和现在的辉煌。

朝阳小学一百年来，历经波折，历经五移校址，十改校名，一百个春秋轮回，一百年栉风沐雨，朝阳小学翻过一页又一页辉煌的篇章。在校史馆开馆的那一刻，朝阳小学的百年辉煌将浓缩在校史馆内，从此呈现在师生面前、世人面前，唤醒人们对那段渐行渐远或不为人知的历史的记忆。朝阳小学校史馆占地面积460平方米，设1个序厅、1个情景厅，分别由民国时期、中华人民共和国成立初期、"文革"时期、改革开放时期、新世纪时期、教师风采、群星璀璨和多彩教育八个篇章组成，从近78777张历史照片中挑选最有代表性的照片525张，原始文稿104张，征集实物286件，集中展现了朝阳小学从创办之初的艰难困苦，栉风沐雨的不懈探索到改革开放后的快速发展，步入新世纪与时代同呼吸，与国家共命运的百年风雨历程。一百年来，学校的沧桑巨变，朝阳人"勤勉务实、自强不息""团结、文明、进取、创新""敬业、爱生、博学、严谨"的风范，教师们传播正能量，影响着一代一代朝阳人编绘出的朝阳小学百年故事：那些年老师们大力推进二课堂、阅读、三算等教育教学改革；自制教具；亲手制作文艺汇演服装；亲手缝制道具灯笼上的流苏、晶片；教师自己设计、焊制正月十五的花灯；亲自撰稿和学生共同上台朗诵；教师参加竞赛，背后都是一个个强大的团队；2012年搬迁，教师们相拥而泣不舍离开，到2019年再度迁回老校址大家的喜悦……这些历史，这些故事，这些成就感，成为朝阳人的自豪，代代相传。

民国时期（1917—1949）

忧国奉教开创吴忠国民教育先河，风华初露启迪学子民主科学萌芽。1911年辛亥革命建立了中华民国，废除私塾，设立国民政府开办的中小学在全国应运而生。1917年，当时归辖于甘肃省灵武县的吴忠镇，在文庙兴建了国立国民教育的第一所小学——灵武县第二高级小学。后经三迁校址，三易校名，于1949年新中国成立前夕，易名为灵武县吴忠镇中心学校。

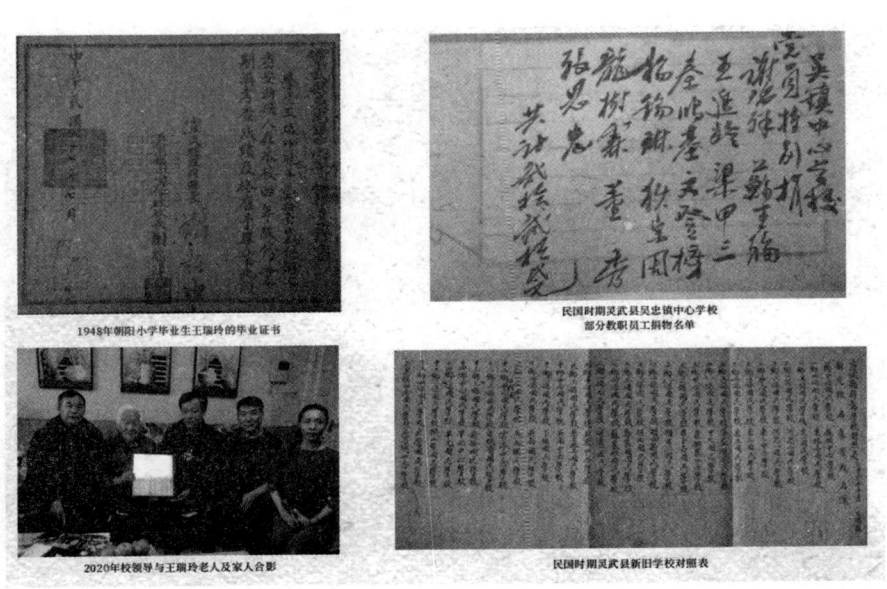

珍贵的毕业证书

思 旅

筚路蓝缕，岁月如歌

建国初期（1949—1966）

　　颂英雄，比学习，筚路蓝缕；树理想，做新人，岁月如歌。1949年10月，中华人民共和国成立。学校改名为吴忠市第一完全小学。为了使更多的适龄儿童就近入学，学校办学规模不断扩大，教师精神面貌焕然一新，学生勤奋学习，理想远大，教育教学质量在当地名列前茅，被确定为吴忠小学教学示范学校。1957年，学校隶属吴忠师范，更名为"吴忠师范附属小学"，教育教学工作进入了辉煌发展时期。

走进朝阳小学

勤奋学习，理想远大

"文革"时期（1966—1976）

1966年至1976年，栉风沐雨，杏坛横遭冲击；砥砺前行，园丁初心不改。1966年8月，教师受到无端批判，教学秩序混乱，教育教学遭受了极大的重创。工宣队进驻后，学校拆除西围墙和吴忠中学合并，曾易名为吴忠仪表厂东方红学校，后定格为朝阳小学。在此期间，作为初心不改的教师，顶着压力，再度被批判的风险，坚持教书育人，大大降低了教育遭受到的人为损失。

改革开放时期（1977—1999）

孜孜不辍，改革大潮起风云；涤故更新，扬帆踏浪谱新曲。1978年12月，党的十一届三中全会确立了把党的路线转移到经济建设上来，教育也迎来了新的春天。教育教学工作继承解放初期的优良传统，坚定不移地贯彻党的教育方针，以大力发展基础教育为动力，使学校教育进入高速发展的快车道。

199

SI LV 思旅

(1)
经历十年动乱，教育的春天悄然而至。学校恢复并建立了正常的教育秩序，教学质量稳步提高，多项教改实验，硕果累累，学校也因此成为全区教学研究基地。

1981年6月谢伟校长、马佩勤老师参加宁夏回族自治区第一次重点小学工作座谈会

欢送柴树铮教师退休 第一排左起 郭玲香 焦梅玲 王学兰 谢伟 柴树铮 马学礼 陈秀梅 第二排右起 王振祥 陈甲荣 马玉芳 白伟 赵淑琴 郝红英

栉风淋雨，不负杏坛

《雏凤清鸣》
CHU FENG QING MING

五年级语数教师合影 第一排左起 李红 代正兰 马春霞 冯玉凤 王学兰 铁玉梅 第二排左起 王凤兰 杨淑芳 郭文新 劳重声 陈甲荣 周少云

1991年，校领导班子合影 正中郭文新 左起陈秀梅 涂惠衣 薛志敏 右起郁惠海

1989年，学校中队辅导员合影 第一排 谢均培 赵玉勤 第二排 刘秀兰 薛志敏 刘淑琴 代正兰

八十年代朝阳小学五年级(6)班毕业合影 从左到右第二排 丁学贵 马学礼 陈静 薛志敏 谢琴 陈甲荣 郭文新 郁惠海 陈秀梅 涂惠衣 白伟

1989年，吴忠市朝阳小学五年级(1)毕业生合影

八十年代毕业班合影 从左到右第二排 郭文新 郁惠海 焦梅玲 陈秀梅 杜凤姐 李红 李香秋

朝阳小学七五级(6)班毕业合影

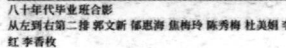

孜孜不辍，涤故更新

新世纪时期（2000—2020）

　　高飞远举，满怀豪情与时俱进；不负韶华，敢于创新锐意进取。进入新世纪，学校面对创新教育的挑战，逐步转变应试教育模式，确立了以促进学生素质全面协调发展的目标，完善网络化信息化教育设施，各种有利于开发学生创新意识的兴趣学习小组蓬勃开展。与此同时，学校的办学条件和教育质量再攀新高，跃上了新的台阶。

(1) 2000年起学校全面推行课程改革，全面实施素质教育，多项教改实验获得国家及地方政府等表彰奖励，百年学校焕发了勃勃生机。

2006年11月，自治区政府副主席刘仲一行莅临我校视察指导工作

2004年，利通区教育局局长舒英义、教研室主任卫方挺、校长霍学玲、教务主任马岩陪同自治区教科所所长田瑞忠观摩指导学校工作

2008年，吴忠市朝阳小学参加市区中小学中华美文诵读比赛，荣获一等

2005年，学校参加湘版实验教材利通区试验区学校文艺汇演

2002届六(4)班毕业生合影

满怀亲情，与时俱进

星火传递，代代相传

勇于创新锐意进取

历任校长（1917—2021）

校长是教师专业发展的引路人，是学生成长的设计师，是学校发展的舵手。朝阳小学一百年来，历任 32 位校长，每位校长的任职都是时代的担当，且都不负使命。朝阳小学发展的接力棒在历任校长的的手中交接，很好地实现了办学思想的延续，促进了学校健康、持续、稳定的发展。

朝阳小学历任校长

姓名	性别	籍贯	毕业学校	任期	姓名	性别	籍贯	毕业学校	任期
柴维梓	男	宁夏	清末拔贡	1917	吴生才(主持)	男	宁夏	吴忠师范	1967——1969
吕士元	男	宁夏	北京朝阳大学	1934——1938	马少清	男	宁夏	吴忠师范	1969.03——1970.03
吴子英	男	宁夏	北京朝阳大学	1938——1940	拜焕然	男	宁夏	穗宁师范	1970.03——1971.09
王振刚	男	宁夏	宁夏简易师范	1940——1941	焦梅玲(副)	女	山西		1971.09——1973.03
柴芳	男	宁夏	西北师范	1941——1942	马希良	女	北京	北京民族学院	1973.03——1976.10
胡正仪	男	宁夏	黄埔军校陕西分校	1942——1943	焦梅玲(副)	女	山西		1976.10——1979.08
柴培才	男	宁夏	宁夏中学	1943——1944	谢伟	男	上海	西北师范中文系	1979.08——1983.09
王亨瑞	男	宁夏	宁夏简易师范	1944——1946	马玉芳	女	宁夏	吴忠师范	1983.09——1986.09
柴树铮	男	宁夏	官兵子弟学校	1946——1947	焦梅玲	女	山西	吴忠师范	1986.09——1989.09
谢瑞祥	男	宁夏	宁夏简易师范	1947——1950	郭文新	男	河北		1989.09——1993.06
苏生福	男	宁夏	宁夏中学	1950.1——1950.11	丁和械	男	宁夏	吴忠师范	1993.06——2001.02
王兴邦	男	陕西	陕西彬县师范	1950——1959	赵彦凯	男	甘肃	吴忠师范	2001.02——2003.03
王振华	男	宁夏	银川师范	1959——1961	霍学林	男	宁夏	宁夏大学	2003.03——2006.11
杨国玲	女	宁夏	北京回民学院	1961——1962	薛晓宏	男	宁夏	宁夏大学	2006.11——2012.02
马希良	女	北京	北京民族学院	1962——1966	金星	男	宁夏	宁夏大学	2012.03——2018.03
彭志民(副)	男	河南	北京体育学院	1966——1967	昕云	男	宁夏	宁夏大学	2018.03至今

教师专业发展的引路人

学生成长的设计师

学校发展的舵手

教师风采

三尺讲台，呕心沥血培育英才；两袖清风，无私奉献铸就师魂。敬业、奉献是教师的职业道德。在传道、授业、解惑的育人生涯中，朝阳小学的教师不仅把知识传授给了学生，而且用自己的博大之爱，为学生未来的翱翔插上了矫健的翅膀，实现了"新竹高于旧竹枝，全凭老干为扶持"的育人理想。百余年来，一辈辈来自五湖四海的教师践行着这一理念，展现出了"师严必然道尊"的教师风采。

走进朝阳小学

7 教师风采

三尺讲台 呕心沥血培育英才　　两袖清风 无私奉献铸就师魂

敬业、奉献是教师的职业道德。在传道、授业、解惑的育人生涯中，朝阳小学的教师不仅把知识传授给了学生，而且用自己的博大之爱，为学生未来的翱翔插上了矫健的翅膀，实现了"新竹高于旧竹枝，全凭老干为扶持"的育人理想。百余年来，一辈辈来自五湖四海的教师践行者这一理念，展现出了"师严必然道尊"的教师风采。

三尺讲台，两袖清风

楷模教师 special-grade teacher

师严道尊

思 旅

并肩前行教育路

群星璀璨

　　桃李灿烂若星辰，后辈才俊慰师恩。"桃李吐芬芳""青出于蓝而胜于蓝"是教师教书育人追求的理想目标，也是学生刻苦学习的不懈追求。自建校以来，一批批蒙童在学校开启了心智，学会了做人，掌握了知识，定位了人生。在芸芸众多的学子中，他们大多学业有成，灿若群星，成为国家各行各业的有用人才。

青出于蓝而胜于蓝

走进朝阳小学

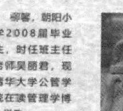

桃李芬芳

才俊辈出

思 旅

多彩教育（2018—至今）

多元共生，发挥教育最优功能；和而不同，成就学生精彩人生。"多彩教育"是一代代朝阳人曾经的追求，也是朝阳人新时代，新百年的教育梦想。五育润泽精彩人生，是新时代朝阳小学追求的办学宗旨。如何坚持党对学校一切工作的领导，发挥教育的最优化功能，通过课堂教学改革、校本课程的重构与开发、社会实践的开展，构建多彩的学校、家庭、社会教育三维一体的教育网络是朝阳人正在探索的新发展模式。

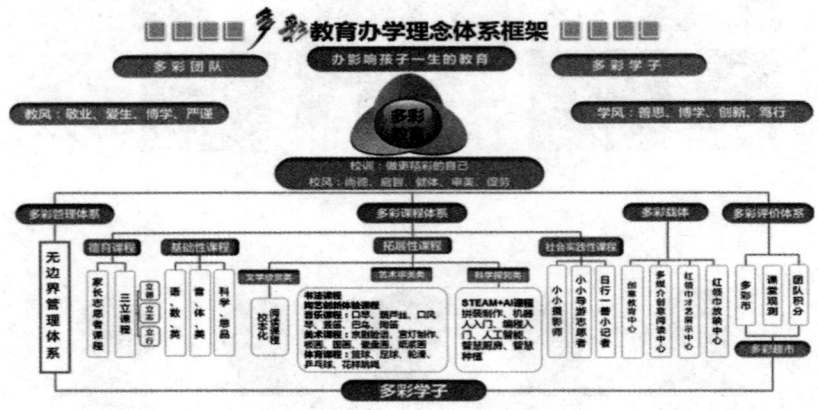

多彩教育，成就多彩人生

听党话，感党恩，跟党走

走进朝阳小学

艺术陶冶人生

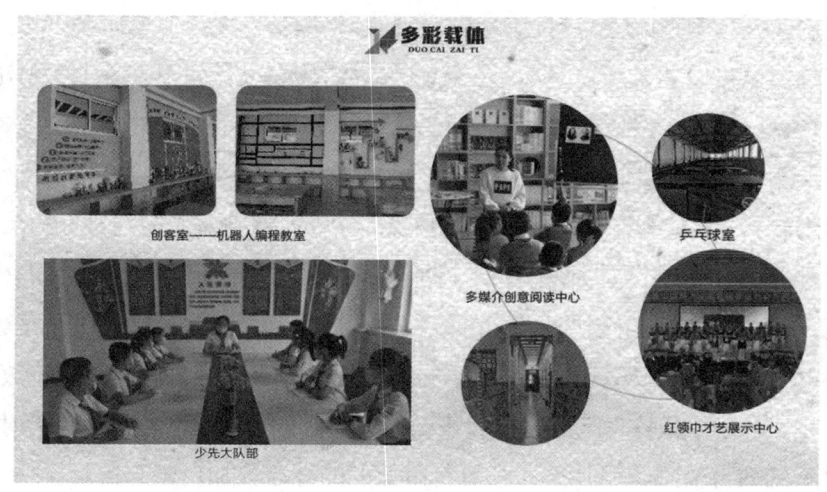

梦想从这里起航

以上校史馆照片的部分呈现,是历史的展现,也是历史的印记。国以史为鉴,校以史明志。经过历史的积淀,回溯朝阳小学校史,它既是一部吴忠教育的发展史,也是一部红色教育文化史,更是新中国一步步走向富强的历史缩影。它饱含着一代代朝阳人秉承"国家强在我少年"这一为党育人的坚定信念,在长期发展过程中所折射出为党的教育事业

思 旅

鞠躬尽瘁、奉献一生的炽热情怀，见证着朝阳小学在时代变迁中砥砺奋进的优良传统。校史馆作为学校办学精神、办学理念和校园文化的物化凝炼，是文化记忆传承与创新的重要阵地。作为朝阳人，我们不仅要充分发挥好这块阵地的辐射作用，让全体师生、家长、离退休老同志以及社会各行各业都来了解朝阳小学的教育发展史，真切了解百年朝阳的校史校情，从而认识朝阳小学的办学史，认识吴忠教育的发展史，增强荣誉感、时代责任感和使命感，达到环境育人、文化育人的良好的教育效果。而且要始终如一地秉承"办影响孩子一生的教育"这一核心办学理念，大力践行"多彩教育"，以史为鉴，以史励志，勇于担当，奋发图强，以崭新姿态昂首阔步迈向新征程。

古槐无语见证百年杏坛史，秦渠有声讴歌数代授业情。走进朝阳小学，当我们叩开校史馆的大门时，一所老校的百年故事将成为解读这所百年老校的密码。学校厚重的历史、文化、无以言诉的故事以及朝阳人身上折射出的精神，一一浮现，令人肃然起敬。老一辈朝阳人留下了丰厚的文化遗产，那些有形的、无形的、以及物质的、精神的财富，犹如活教材，犹如一代代朝阳人的教科书，成为了朝阳人心中的自豪，也成为朝阳人铿锵的目标和信心。

那些年、那些人、那些事，有的历历在目、有的渐行渐远、有的模糊不清，但却成为一代代朝阳人不懈努力的精神力量。因为，这个院子里朝阳小学的"根"和"魂"，让朝阳小学的第一个百年有深度、有温度、有故事、有文化，让"多彩教育"成为一代代朝阳人曾经的追求，也是朝阳人新时代，新百年的教育梦想，也让第二个百年新征程的开启更加自豪与自信。

校史馆的开馆揭牌是朝阳小学历史的见证，历史的再现，历史的传承，更是历史的新起航。回顾朝阳小学百年历史，我们倍感振奋和自豪；展望未来，我们充满信心和力量。如今的朝阳小学已经站在了第二个百年的历史新起点上，我们将始终坚持以习近平新时代中国特色社会主义思想为指导，为党育人，为国育才；坚持以史为鉴，以史励志，不忘初心，牢记使命，推动学校高质量发展，以优异的成绩喜迎党的百岁华诞！

后　记

人生不止，思考不息。巴尔扎克说："一个能思考的人，才真是力量无边的人。"教育作为塑造人类灵魂的事业，更需要能思考的人，不断赋予推动教育事业发展的无穷力量。思旅是思考旅程，是不断思考形成思想的过程。思想则是人的灵魂，是生命的精髓，是促进教育事业发展的基石。

陶行知先生说过：校长是一个学校的灵魂。要想评论一个学校，先要评论他的校长。苏霍姆林斯基认为：校长对学校的领导首先是教育思想的领导，而后才是行政的领导。由此可见，校长，尤其是一位有教育思想的校长决定着一所学校发展的内涵，决定着一所学校发展的高度，决定着一所学校发展的品位。

在教育蓬勃发展的今天，作为一名校长必须拥有自己的教育思想，不管外面多么吵，各项事务多么闹，都能坚守教育本心，基于办学实践，遵循教育规律，且思且行，且行且思，为之而奋斗。

校长办学思想的形成需要不断的思考，才能打开探索之门，带来无穷的乐趣和力量。我的老校长马新生常说：教师成长、学生成才、学校发展，是衡量办学成功的标准。做校长十年，从农村到城市、从小学校到大学校、从薄弱到优质，着眼学生、管理、课程、评价、团队、课堂、科研等，我始终坚持学生为中心，以"教师成长、学生成才、学校发展"为己任，在遵循规律，寻找规律，践行规律的循环中不断思、不断想，并在不断的实践中把所思所想变为现实。由于是初为校长，学着做校长，对教育的思与悟还略显青涩，但是回首十年做校长走过的路，一路耕耘，一路收获，一路艰辛，一路芬芳，从整理文稿到完成文稿，总有一种无限的力量让人不知疲惫。这种力量就是思考的力量，就是不断实践的力量，就是来自教师成长、学生成才、学校发展的力量。

　　本书的许多观点承蒙诸多吴忠教育前辈的引领、点拨与教诲，因为担心不能一一例举，怕有遗漏，谨此对基于我一路成长支持、帮助、鼓励的所有教育前辈、同仁、同事们，以及社会各界人士、家长们深表衷心的感谢！此外，本书力求真实反映本人做校长第一个十年来对教育的思与悟，无论苏州挂职学习、盛元小学、加拿大研学、朝阳小学，还是日常思考随笔，都是本人的草根生成，缺乏针对某一模块的系统性思考，相对比较零碎，仅供读者茶语消遣，由于从事教育的时间尚短，学识水平与精力能力有限，难免存在诸多不当之处，敬请广大读者朋友们海涵、雅正。

　　是为记！

2021 年 9 月 12 日